蒙台梭利
早教智慧

董亚兰◎编著

北京工业大学出版社

图书在版编目（CIP）数据

蒙台梭利早教智慧 / 董亚兰编著. —北京：北京工业大学出版社，2016.8（2021.9重印）

ISBN 978-7-5639-4827-7

Ⅰ.①蒙… Ⅱ.①董… Ⅲ.①婴幼儿－早期教育－家庭教育 Ⅳ.①G78

中国版本图书馆 CIP 数据核字 (2016) 第 161129 号

蒙台梭利早教智慧

编　　著：董亚兰
责任编辑：翟雅薇
封面设计：周　飞
出版发行：北京工业大学出版社
　　　　　（北京市朝阳区平乐园 100 号　邮编：100124）
　　　　　010-67391722（传真）　bgdcbs@sina.com
经销单位：全国各地新华书店
承印单位：唐山市铭诚印刷有限公司
开　　本：787 毫米 ×1092 毫米　1/16
印　　张：14
字　　数：217 千字
版　　次：2016 年 8 月第 1 版
印　　次：2021 年 9 月第 2 次印刷
标准书号：ISBN 978-7-5639-4827-7
定　　价：39.80 元

前　　言

　　蒙台梭利，意大利幼儿教育家，蒙台梭利教育法的创始人。蒙台梭利认为孩子拥有巨大的潜能，通过一些基础的生活练习，父母可以帮助孩子形成健全的人格。蒙台梭利早教法（简称"蒙氏早教"）认为应该为孩子提供一个属于孩子自己的儿童世界。孩子的成长需要社会提供许多良好的刺激，蒙台梭利早教法建议父母应该为孩子提供一个适合的环境，包括人物与自然，诱发孩子自我学习的乐趣。在教育孩子时，蒙台梭利早教法反对填鸭式教育，主张提供良好的学习环境，让孩子自己去探索。零到六岁是孩子成长发育的重要时期，这个阶段，孩子会逐渐显现出自身的爱好，蒙台梭利认为父母应该根据孩子显现出的偏好，掌握孩子学习的"敏感期"，给孩子舒适的学习环境。

　　蒙台梭利早教法是一套蕴含无限价值的教育方法，这套教育方法利用孩子的敏感性，配合提供给孩子的教育工具，让孩子在轻松愉快的氛围中吸取知识，探索智慧。无论是怎样的教育法，孩子的教育不能仅限于教室，社会环境的影响在生活中是无处不在的，因此，父母才是真正的关键。这也是本书的目的，帮助父母给孩子提供最好的教育方式。

本书共分为十三章，详细介绍了孩子在幼儿时期会遇到的问题，帮助父母在孩子的智力开发、生活习惯等各个方面解决孩子的问题。在生活中，父母应该怎样培养孩子的独立性，书中做了具体的介绍。随着孩子的成长，父母要帮助孩子锻炼孩子的意志力，意志力是一个人成功的关键。纪律训练也是让孩子学会自我管理的一个重要环节，而至于父母该怎样帮助孩子改掉不守纪律的坏毛病，书中根据蒙台梭利早教法给出了可行性建议。

幼儿时期也是培养孩子品格和健康心理的重要时期。早期的品德教育和心理健康教育会跟随孩子的一生，父母想要培养出品格高尚、性格乐观的孩子，早期的教育非常重要。如何培养出开朗乐观、品行优良的孩子，本书也给出了合理的建议。另外，本书也涉及了如何培养孩子的社交沟通以及知识教育等。

本书语言通俗易懂，内容富含教育意义，书中根据不同的情况列出了不同的事例，生动形象地解说了面对孩子的种种问题，父母应该怎样做。本书结合中国家庭的实际情况，使蒙台梭利早教法更适合中国家庭，希望各位父母朋友可以从中获得助益。

目　　录

第一章　蒙氏早教帮父母做好孩子的启蒙

第二章　父母这样做孩子会更聪明

第三章　孩子的独立性需要从点滴培养

第四章　在生活中锻炼孩子的意志力

第八章　社交沟通，孩子成长的必修课

第九章　孩子成长离不开的大自然教育

第十章　授之以渔，让孩子学会学习

第十一章　孩子的良好习惯要从小培养

第十二章　科学膳食，为孩子的未来筑基

第十三章　父母不能忽视的孩子运动和感官训练

（第）（一）（章）

蒙氏早教帮父母做好
孩子的启蒙

早教，孩子教育的起点

早教即早期教育，是指孩子从出生到入学之前所接受的教育。早教旨在对孩子的体能、智力、心理进行启蒙和训练，为孩子全面发展打好基础。

幼儿期是孩子成长发育的重要阶段，这个时期的孩子神经系统发育快，各种潜能亟待开发。研究表明，婴幼儿时期的孩子对外界的刺激最为敏感，接受新事物的能力也强。可以说，早教阶段是孩子智慧发展的黄金时期。生物学家研究发现，婴儿的大脑在出生后还将经历一个发育至成熟的过程。尤其是四岁之前，如果不为他们提供一个良好的发育环境，将会制约孩子大脑的发育。

比如很多人听说过的"狼孩"事例。意外走入森林，从此跟着狼生活、长大的孩子，行为方式、思维习惯与狼并无二致，他们大都智力低下，发育迟缓。

1920年，印度加尔各答北部的米德纳波尔城中，出现一种"神秘生物"。他们经常在夜晚出现，长相和人类相似，但用四肢行走。一天夜里，两个"神秘生物"和三只狼出现在米德纳波尔城内，三只狼被人们打死。大家出于好奇，跟随两个"神秘生物"来到狼窝，仔细一看，原来她们是两个小女孩。后来这两个小女孩被人们送到米德纳波尔的孤儿院抚养，大的取名为卡马拉，小的取名为阿玛拉。初到孤儿院时，她们依然沿袭狼的生活习性，而且不会说话。经过7年的教育，卡马拉仅掌握了45个词，直到16岁，她的智商仅相当于三四岁的儿童。

可见，如果长期与他人隔绝、得不到良好的教育，孩子的智力发展会受阻。因此，婴幼儿时期对孩子进行良好的教育和引导，为孩子创造一个"富有营养"的环境，不仅能促进孩子大脑的发育，也能为孩子的成长和发展奠定基础。

很多家长认为，孩子的智力是先天形成的，其实，孩子的智力在不断发展和成长，而幼儿期是孩子智力发展的关键期。早教能够促进孩子智力的发育，增强学习效果。专家发现，2～3岁是孩子练习口头语言的最佳时期，而4～5岁则是孩子学习外语口语的最佳时期。这个年龄阶段的孩子语法、发音等习惯还未拘泥于母语，不会在学习外语时与母语混淆。5岁左右是掌握数学概念的最佳时期，6岁左右则应培养孩子的方位感。这些在蒙台梭利的教育思想中也有所提及。一些心理学家认为，5岁之前的孩子智力发展得最快。

一些学者认为，孩子的各种潜力在他们的一生中是逐渐递减的。如果施行适当的早期教育，就能激发他们的各项潜力。早教开始得越早，潜力激发得就越多。他们认为如果刚出生的孩子具有100分的潜力，出生不久就能得到良好的教育的孩子将能成为具有100分能力的人，而5岁之后才获得教育的孩子则最多拥有80分的能力。进行教育的时间越晚，孩子的潜力损失得越多。

针对一些家长对于早教会导致孩子的大脑劳累、损害智力的担心，学者也进行过实验研究，事实证明，这种担心完全没有必要。早期教育会给孩子的大脑带来丰富的刺激，不过并不会对大脑造成伤害，反而会促进大脑的发育。因此，适当的早教能够使孩子的智力得到充分的发展，这是孩子一生中教育的起点，能为其接受进一步的教育打好基础。

早教对孩子的重要性不仅反映在促进大脑发育上，还体现在知识储备上。知识是无穷无尽的，如果家长能尽早开展对孩子的教育，帮助他们探索学习的方法，激发他们对学习的兴趣，就能使孩子主动学习，方便他们掌握更多知识。这也有利于孩子入学后接受教育。

一些孩子可能具有特殊的才能，即天赋。比如很多孩子在绘画、钢琴上的禀赋优于常人。孩子的这些才能同样需要得到家长的引导。比如弹钢琴，有人认为孩子5岁之后再去学钢琴已经来不及。这是由于弹钢琴对孩子的手指的灵活性有较高的要求，手指的力量、灵活性、敏感性都是重要的指标。这些能力5岁之后很难得到提升；绘画能力也是如此，孩子对色彩的感觉、对事物的认识往往在5岁之前已经定型，之后很难得到扩展或改变。因此，在一些特殊才能上，家长需要对孩子进行良好的早教，使他们发现自己的才能并进一步得到训练。

早教对孩子与父母的亲子关系有重要意义。在对孩子进行早期教育的过程中，父母与孩子进行良好的沟通，与孩子的交流比较多，不仅能让父母了解到孩子的个性和喜好，也能拉近双方关系，使孩子感受到父母的爱，心理安全感得以建立，这对孩子的成长是有好处的。而且，在此过程中，孩子的表达能力也得到提升，这有利于他们的人际交往。

在生活中，人们经常发现，一些孩子存在着这样那样的不足，比如不爱读书思考，喜欢撒谎等。这些习惯纠正起来往往比较困难。很多教育专家认为，这些习惯大多是婴幼儿时期形成的。如果家长能够及时发现并通过适当的早教方式引导，完全可以弥补。婴幼儿时期孩子出现的问题，大多可以通过早教进行预防和化解。

很多人都知道这样一个故事：一位母亲对儿子百般娇惯，导致孩子养成了好吃懒做的性格。有一次，母亲要出门远行，便做了一张足够儿子果腹的大饼挂在儿子的脖子上，让他饿了便吃。母亲回家后却发现儿子已饿死多日，而那张饼并没有吃完，后颈上的饼孩子并没有吃到。原来由于太懒，孩子吃完前面的饼后便没有动过后面的。

这便是没有对孩子进行良好的早期教育的恶果。如果母亲能够从孩子小时便对他进行引导，帮助他养成好习惯，纠正他身上的毛病，相信此类事件不会发生。从近年来频发的少年犯罪事件中，人们也可以发现，这些孩子或多或少在个性上都有一定的缺陷，而且这种缺陷似乎是一直存在的，这很大程度上是父母没有进行充分、健康的早期教育导致的。

因此，早期教育对孩子的大脑发育、智力成长、个性养成和习惯养成都具有重要意义，家长一定不能轻视。不仅如此，良好的早期教育能让孩子更快地适应入学后的学习和生活，这有助于他们为以后的学习打下良好的基础，提高起点，扬起成长的风帆。

蒙氏早教心经：

婴幼儿时期是孩子的敏感期，接受新事物的能力很强，因此，早教能够激发孩子的智慧。

早教能够挖掘孩子的天赋，促进孩子成才、成功。家长要重视婴幼儿的早教工作，良好有效的早教可以激发孩子的天赋和一些特殊的才能。

早教能够纠正孩子的坏毛病，帮助孩子养成好习惯、好个性。家长要利用良好的早教工作引导孩子养成好的生活习惯。

风靡世界一百多年的蒙氏早教理论

蒙台梭利早期教育简称蒙氏早教，是享誉世界的教育思想体系。过去的近百年间，蒙氏早教凭借其独立性风靡了整个西方世界，对各国的教育都产生了重要影响。那么，这种教育体系是如何产生并形成的呢？这就需要从蒙台梭利的个人经历讲起。

蒙台梭利是20世纪著名的儿童教育家。她对幼儿的早期教育非常重视，并对此进行了几十年的研究和探索，最终形成了独特的蒙台梭利早教系统。为此，西方的一些教育学家称她是"20世纪赢得欧洲和世界承认的最伟大的科学与进步的教育家"，她还曾被提名为诺贝尔和平奖的候选人。

蒙台梭利出生于意大利的一个小镇。长大后，她主修医学，是意大利历史上第一个学医的女性。1896年-1898年，蒙台梭利担任助理医生。在此期间，她的主要工作是治疗智障儿童。当时，意大利经常把智障儿童与患有精神病的人一起关押在疯人院里。疯人院没有为这些儿童提供任何玩具，一些管理人员对待孩子的态度恶劣，也从未让他们参加过任何活动。经过长期的观察，蒙台梭利发现，这些孩子的病情并没有缓解，智力反而有所下降。她认为这与治疗环境和治疗方法有关。在她看来，这样的治疗只会导致孩子的情况更糟。蒙台梭利决定自己寻找方法帮助这些孩子。

在寻找资料的过程中，蒙台梭利注意到了伊塔和塞根的事迹。他们二人都致力于研究并训练有心理缺陷的儿童。伊塔有一个著名的案例。他曾对一个早年被丢弃后，在森林中长大的"野孩"进行研究和治疗，并做出了实验报告。在此基础上，塞根提出了"生理教育法"，主张对身体或心理有残缺的孩子进行感官训练，使他们的生理功能和智力得到发展。这种教育思想深深地影响了蒙台梭利，使她意识到，外界的影响和刺激与孩子的个人资质同样重要，会对孩子的发展产生重要影响。早期教育对孩子的影响重大。从那以后，她开始进一步探索对智力有缺陷的儿童的教育，并注重对儿童的训练。不过，此时的她还未形成成熟的教育思想体系。

随后，在1898年召开的一次教育会议上，蒙台梭利发表了题为《精神教育》的演讲。在演讲中，蒙台梭利不仅阐述了自己对于智力缺陷儿童的观察成果，还提出了智障儿童与正常儿童享有同等的受教育的权利。渐渐地，蒙台梭利意识到，自己对于智力缺陷儿童的研究和教育方法，对于正常儿童同样适用。也正是从这时起，她投身于正常儿童的早期教育工作。

为此，蒙台梭利开始不断充实自己。她重新回到大学，进修多门课程。此后，她担任罗马大学人类学教授，并于1908年出版《教育人类学》一书，将自己的教育思想集结成册。

与此同时，蒙台梭利还通过实践的方式继续深入研究儿童教育。1908年，她在罗马的贫民区设立了"儿童之家"，招收了不少3～6岁的孩子。这些孩子通常出身贫寒，资质普通。蒙台梭利根据自己的教育思想对孩子进行教育。几年后，这些孩子的心智有了很大的提高，他们变得聪明、有活力、有教养，他们智商超群，成长为真正的人才。这一现象引起了人们的关注，蒙台梭利的教育理念和方式也得以普及。在欧洲，关于蒙台梭利的"儿童之家"的报道络绎不绝，人们纷纷仿效，越来越多的"儿童之家"如雨后春笋般建立起来。这种崭新的教育理念和模式第一次得以推广。

1909年，为使自己对于早教的思考和建议进一步得到推广，蒙台梭利写成了《蒙台梭利教育法》一书，详细阐述自己在儿童之家运用的教育方法。三年后，这本著作得以出版，并很快被翻译为20多种文字，流传于世界各地。在这种形势下，100多个国家开始引进蒙台梭利的教育方法，有的国家甚至开展了蒙台梭利运动，希望通过运动将蒙台梭利的教育思想进一步推广。随后的几十年间，蒙台梭利教育法在世界范围内不断发酵，专业的蒙台梭利学校得以建立。可以说，蒙台梭利在世界范围内引起了一场早期教育的革命。

随着蒙台梭利教育思想的普及，蒙台梭利自己的教育思想也在不断成熟，臻于完善。在将近半个世纪的教育实验中，蒙台梭利不断研究，她的教育方法也逐渐形成体系。从最初的智力训练到后来的感官训练、运动训练，从尊重自由到建立意志，从平民教育到贵族教育，蒙台梭利的教育方法越来越系统、健全。她的教育思想不仅促进了世界早期教育事业的发展，也提供了更多的人才基础，影响了西方世界的社会发展。

蒙氏早教起源概览：

1.1896年—1898年，蒙台梭利担任助理医生，主要工作是治疗智障儿童，开始关注智障儿童的教育问题；

2.1898年的教育会议上，蒙台梭利发表了题为"精神教育"的演讲，呼吁关注智障儿童的教育问题；

3.1898年—1908年，蒙台梭利将自己对智障儿童教育的研究成果应用于正常儿童身上，发现适用后进一步深入研究，设立"儿童之家"；

4.1908年，蒙台梭利出版《教育人类学》一书；

5.1909年，蒙台梭利写成《蒙台梭利教育法》一书，进一步推广自己的儿童教育思想，蒙台梭利教育理念开始在世界范围内传播。

提倡科学育儿的蒙氏早教体系

蒙氏早教的起源和优势已在前文中有所介绍。要想更好地利用蒙氏早教教育孩子，提高孩子的各项能力，家长有必要了解蒙氏早教的主要内容和发展历程。

蒙氏早教是一种主张以科学的方式教育儿童的思想和方法。蒙台梭利提倡通过与孩子建立平等的关系，了解孩子的内心，为孩子创造一个自由、丰富的环境，使孩子能够独立、主动地去探索和学习，身心得到发展。

1.培养儿童的个性。

在蒙台梭利的教育思想中，每个孩子的个性都是不同的，她提倡尊重每个孩子的个性，并尽量完善儿童的个性。为此，蒙台梭利在教室中放置了丰富的教材和教具，以满足不同个性的孩子的不同兴趣和需要。比如，有的孩子喜欢搭积木，蒙台梭利就利用积木吸引孩子的兴趣，使他们在玩的过程中能安静下来，并在重复中训练意志力和耐心。同时，蒙台梭利也努力促使孩子形成自我意识，包括自我认识、自我评价和自我调节。蒙台梭利主张让孩子自主选择，不依赖他人或环境，逐渐形成独立的个性。

2.纪律教育。

这也是蒙台梭利教育的主要组成部分之一。蒙台梭利很重视对儿童的纪律教育，她专门为儿童开设了纪律课程。在蒙台梭利看来，儿童的纪律性应是积极的、主动的、持久的、内在的，而不是普遍认为的消极的、被动的、暂时性的、外在的。蒙台梭利认为儿童其实先天具有一定的纪律性，家长只需要引导。而且在引导孩子培养良好纪律性的同时，要给孩子一定的自由，让孩子在自由中培养纪律。当然，蒙台梭利教育中的纪律并非让孩子任意妄为，而是只要孩子的行为并未冒犯他人或影响周围，就让孩子有一定的自由去探索，培养积极的纪律性。

3.培养孩子的社交能力。

现代社会要求人们学会与他人合作，这就提高了对人们社交能力的要求。蒙台梭利很重视培养孩子的人际交往能力。不过，在蒙台梭利看来，提高孩子的社交能力不仅是为了与他人进行更好的合作，更是为了认识自我、完善自我。蒙台梭利主张家长要为孩子营造良好的家庭氛围，鼓励孩子勇于表达，并为孩子提供与其他孩子交流、相处的机会，在交往中学会分享、表达。

此外，蒙台梭利的教育内容可以分为以下几类：

日常生活教育：主要包括基本动作训练、学会照顾自己、关心他人、社交行为等，以培养孩子的自信、自理、自立；

感官教育：对孩子的视觉、听觉、味觉、嗅觉、触觉进行训练，培养孩子的观察力和注意力；

数学教育：培养孩子初步的数量概念、数学逻辑和判断能力；

语言教育：通过口语对话、视觉、语音、文字和阅读等练习，培养孩子的听、说、认、读和书写能力；

科学文化教育：主要包括自然、地理、历史、科学、音乐、美术等内容。可以带孩子出去游玩，引导他们观察大自然，从而积累知识，同时激发孩子的求知欲；给孩子讲历史典故，让孩子在明白道理的同时学到历史知识等。

1907年，蒙台梭利的"儿童之家"成立。之后的几年间，这里的孩子在接受蒙台梭利的教育后，素质和心智得到了较大的提高。此后，蒙台梭利教育就吸引了众人的目光，在较短的时间内得到了推广和普及。

不过，蒙台梭利教育法的发展并非一帆风顺。早在蒙台梭利教育思想刚刚被普及的几年间，她就遭受过许多质疑。1913年，美国出现了蒙台梭利运动，蒙台梭利的教育理念和方式得到很多人的效仿和学习。此时，美国哥伦比亚大学的一名教授却发表了一篇批判蒙台梭利教育思想的论文，不久，这位教授又将论文"扩展"成书并成功出版，他在这本名为《检视蒙台梭利体系》的书中提出，从理论内容上看，蒙台梭利的教育思想是属于19世纪中期的，比目前至少落后50年，因此如今已不适用。与此同时，另一名教育家杜威也对蒙台梭利提出批判。这两位人物在当时影响颇大，他们的批判导致蒙台梭利思想在普及中受阻，轰轰烈烈的蒙台梭利教育运动骤然"降温"，一时停滞不前。人们对蒙台梭利教育法的质疑和反对，最主要的原因还是人们对其不了解、不理解。

1958年，此时蒙台梭利已经逝世6年。一位名为拉姆布什的人率先在美国恢复创办了蒙台梭利学校，并创办了全美蒙台梭利协会(AMS)。几年后，拉姆布什出版了《学会如何学习——蒙台梭利方法》一书，详细地阐述了蒙台梭利的教育理念，开始重新在美国宣传蒙台梭利的教育思想。渐渐地，蒙台梭利教育重新进入人们的视野中。

最初，采用蒙台梭利的教育理念的一般是自由度比较大的私立学校。1965年，美国俄亥俄州成立了第一所公立蒙台梭利学校。发展至20世纪80年代，蒙台梭利教育已经成为一种不同于传统教育的理念，受到越来越多家长的青睐。此时，蒙台梭利教育已经可以与传统教育模式相提并论，众多私立、公立教育组织开始大力开展相关活动。

20世纪初，蒙台梭利的教育思想传入我国。《蒙台梭利教育法》被翻译为中文，并在一定范围内传播。当时的一些教育学家认为，蒙台梭利的教育思想令中国的幼儿教育耳目一新。随后的几年间，不少地方都成立了"蒙台梭利教育法研究会"和蒙台梭利课程班。不过由于蒙台梭利教育法并不适应当时的国情，其影响力并没有进一步扩大。

1979年以后，改革开放使我国进入一个全新的时代，众多先进思想、方法传入我国。蒙台梭利教育思想上尘封的灰尘被拂去，人们重新将目光聚集在这种教育思想上。从卢乐山教授出版《蒙台梭利的幼儿教育》一书起，越来越多的人开始客观地介绍蒙台梭利的思想，众多的研究和实验被提上日程。时至今日，我国已有多所公立、私立幼儿园在蒙台梭利的教育思想下引导幼儿成长，越来越多的蒙台梭利课程班得以建立。

蒙台梭利教育思想不仅成为学校、家庭教育孩子的理念，也逐渐被纳入大学课程之中。目前，仅美国就已有1000多个蒙特梭利教育课程培训班，大约20所大学已经开设了蒙台梭利教育课程的研究生课程班。

时至今日，全世界有几万所蒙台梭利学校。这些学校主要为0~6岁的幼儿提供蒙台梭利教育服务。可以说，蒙台梭利教育已经逐渐成为早期教育的主流。

蒙氏早教的主要内容：

1.蒙氏早教提倡父母对孩子进行个性教育。蒙氏早教体系认为，每个孩子的个性都是独一无二的，都是值得尊重的，父母要在教育的过程中多体现孩子的个性，并努力完善孩子的个性。

2.蒙氏教育提倡纪律教育，让孩子在学习的过程中遵守一定的纪律，并刻意地培养孩子的纪律性，为孩子制定一些纪律课程，以此来让孩子积极、主动、持久地进行有效学习。

蒙氏早教的十四大优势

20世纪，蒙台梭利教育传入我国后，迅速普及及扩展，越来越多的蒙台梭利幼儿园、蒙台梭利课堂得以建立，越来越多的家长开始采纳蒙台梭利的教育方式。

蒙台梭利教育法之所以能如此迅速地得到人们的关注和认可，主要还是由于其与我国的传统教育理念和模式有着诸多不同。蒙台梭利教育以科学的方法为根本，非常重视对幼儿潜力的开发。与我国的传统教育相比，蒙台梭利教育有不少优势，这些优势有时也正是其特点。

1.蒙台梭利教育以儿童为核心。

与传统教育相比，蒙台梭利教育较为突出的一点就是以儿童为中心。在传统教育中，虽然受教育者为儿童，但大多数时间都是以教师为中心，教师向孩子灌输自己的知识，很少允许孩子有自己的见解。而蒙台梭利教育则把重心放在孩子身上，反对以成人为本位的教学观点，将孩子视作独立于成人的个体，允许并鼓励孩子有自己的思想。

2.鼓励"不教而教"。

在传统教育中，教师或家长经常对孩子进行"填鸭式"的灌输教育。蒙台梭利反对这种方式，她提倡与"无为而治"相似的"不教而教"。蒙台梭利主张给孩子一定的自由，让他们主宰自己的学习。同时将学习和知识渗入日常生活中，给他们提供良好的教育环境，让孩子自发、主动地学习。

3.提倡结合孩子的敏感期来教育孩子。

在传统教育中，父母对孩子的教育很少分段进行，常常是同一阶段内让孩子完成很多种任务。其实，孩子的各种能力成长阶段不同，对他们的教育应更有针对性。蒙台梭利经过多年的研究，将0~6岁的儿童的成长划分为多个敏感期，并建议家长根据孩子的敏感期进行相关教育，比如在孩子的口语敏感期训练他们的表达能力。这样做能够增强学习效果。

4.要求教育者增加对儿童的了解。

在过去的教育中，很多家长对与孩子心理有关的知识了解不多，导致他们对孩子的教育有时并不专业，甚至可能阻碍孩子的成长。对此，蒙台梭利要求无论是教师还是家长，只要是教育者，就要对孩子的心灵世界有深刻的认识和了解，以便了解孩子，为孩子提供更适时、有效的指导。

5.重视孩子人格的培养。

传统的教育，尤其是传统的中国教育，比较偏重孩子的成绩，对于孩子的心理成长和人格完善则不够重视。近年来频发的青少年犯罪事件也证实了这一点。在蒙台梭利教育中，最重要的任务并非不断提高孩子的成绩，而是帮助孩子正常化，使孩子养成完善的人格，能以健康的方式处理生活中的问题，获得人生的幸福。

6.倡导混龄教育。

我国有很多独生子女家庭。这样的孩子很容易被娇惯。蒙台梭利则建议让孩子与不同年龄的儿童一起成长。这样一来，年龄较小的孩子能够从比他大的儿童身上学到不少知识和习惯，适当的模仿有助于孩子的成长。

7.丰富的教材和教具。

　　在传统的家庭教育中，父母很少有专业的教材，教具就更罕见了。这样的教育形式枯燥，孩子很少能坚持下来。在蒙台梭利教育中，她提倡父母为孩子购置更多的教具，并在专业教材的指导下，让孩子通过重复的操作，建立完善人格，提高动手能力。

　　8.废除单一的奖惩制度。

　　在传统的家庭教育中，家长对于孩子往往采取较为严厉的教育方式，给孩子布置任务，孩子完成得好就奖励零花钱或礼物，完成得不好就批评、指责。这对于孩子自尊心的培养和学习习惯的养成是不利的。蒙台梭利主张废除这种单一的奖惩制度，用更能鼓励孩子的方式来教育他们。比如如果孩子完成得好，就陪孩子玩一会儿，既让孩子得到放松，又增进孩子与父母的感情。

　　9.重视孩子数学思维的养成。

　　在传统的家庭教育中，家长更多的是要求孩子背很多知识性内容，如古诗等，或是简单地让孩子学习认字、数数，对他们的数学思维养成不够重视，这就导致孩子的逻辑思维能力也比较欠缺。蒙台梭利教育则建议家长训练孩子的数学思维，帮助他们学会运用逻辑思维处理事情和学习。

　　10.注重培养孩子的几何直观能力。

　　在传统教育中，对于孩子的几何直观能力，很少有家长足够重视。蒙台梭利则强调对孩子的几何直观能力的培养，她认为通过培养孩子的这种能力，能够增强孩子的想象力，同时让孩子更快地认识更多事物，也为他们学习自然科学打好基础。

　　11.没有放松对孩子语言能力的培养。

　　传统的家庭教育对孩子的语言能力重视不足，导致一些孩子表达能力差，人际交往受到影响。蒙氏教育则重视语言能力的培养，要求家长为孩子创造一个易于他们进行表达的环境，并训练他们的口语能力，使他们能够以恰当的方式表达自己的想法。

　　12.注重对孩子动手能力的培养。

　　在传统的教育中，家长更多的是训练孩子的学习能力，对孩子的动手能力训练不足，甚至从不让孩子做家务。蒙台梭利则在教室中加入很多日常生活中的用具，并经常让孩子进行相关操作，以达到训练孩子动手能力的目的。在此过程中，孩子的综合能力得以提升。

13.培养孩子的专注力和耐心。

在以往的家庭教育中，很少有家长会有意识地去训练孩子的专注力和耐心，他们更多的是责怪孩子不用心、没耐心。蒙氏教育中则主张有意识地培养孩子的专注力和耐心，通过多种方式使孩子做到精神高度集中并持之以恒，从而培养健全人格。

14.善于培养孩子自主学习的能力。

在以往的教育中，家长总是命令、要求孩子去学，学习是一件被动的事。蒙氏教育则提倡培养孩子主动学习的能力，引导孩子产生学习兴趣并主动求知、探索，自己总结经验、纠正错误，培养好的学习习惯，终身受益。

蒙氏早教的优势：

蒙氏早教以孩子为主体，让父母在教育孩子的时候更多时候要以孩子的感受为主，不能一味地进行灌输式教育。她认为灌输式教育反而会不利于婴幼儿的成长。

蒙氏早教会根据孩子的个人情况来实施教育，也就是"因材施教"，鼓励父母培养孩子的完善人格，并引导孩子主动学习。

蒙氏早教会为孩子提供更加丰富有趣的教材和教具，让孩子学得开心，学得有趣，学有所得，在快乐学习中，锻炼孩子的思维能力、动手能力和语言能力。

蒙氏早教，父母这样应用更有效

虽然蒙台梭利教育对幼儿的成长有一定的指导作用，并且已经得到许多国家和学校的认可，但是不同国家的家庭教育背景不同，每个家庭的具体情况也有所差别。目前，蒙台梭利教育法在我国的发展还不成熟，一些家长对其理解并不透彻。家长在应用蒙台梭利理念教育孩子时还是需要注意一些问题。不要只注重教育形式而忽略了蒙台梭利教育的精髓。

童童今年三岁了，妈妈一直很重视童童的早教工作。为了让童童不输在起跑线上，妈妈买了很多早教方面的书，还准备了很多锻炼孩子动手能力、开发智力、促进大脑发育的玩具。每天，妈妈都会在房间里摆满玩具，然后让童童自己去玩。看着童童一会儿玩玩这个，一会儿碰碰那个，她心里十分高兴，盼望着童童能表现出什么特殊的天赋和才能。妈妈已经准备了五六个兴趣特长培养的方案，就等着看童童的表现了。

可是，时间一天天过去了，妈妈发现童童每天只会在玩具堆里玩来玩去，什么特殊的才能也没表现出来。难道童童只是个平庸的孩子，没有任何的天赋吗？妈妈对此感到十分苦恼。直到有一天，妈妈的朋友来家里玩，看见童童虽然是在玩玩具，但对于很多玩具的玩法却一无所知。朋友就亲自引导童童，让童童很快掌握了玩具的玩法。这下子，童童玩出兴致了，不一会儿，就利用积木摆出了很多有趣的图形。朋友对妈妈说："看来童童的想象力很丰富，你买了那么多的育儿书，怎么没有多训练他，激发他的想象力呢？"

原来，只是买来玩具还不够，还要家长亲自来训练。妈妈懊恼不已，觉得自己浪费了很多时间，白白耽误了孩子。

在我国，尤其是一些幼儿园，应用蒙台梭利教育法的风气非常浓。不过，在蒙台梭利理念的推广过程中，很多学校和家庭的"形式主义"很严重。比如一些家长认为，将蒙台梭利教室中的教材和教具买来放在孩子的身边，就是在实施蒙台梭利教育，却没有对孩子进行训练，也没有为孩子创造一定的环境。对此，家长要明白，蒙台梭利之所以放置相关教材和教具，是为了观察、了解孩子的内在需要和兴趣，从而有针对性地实施教育。因此，家长在布置好相关教具后，要多观察孩子，发现孩子的需要和兴趣，再进一步引导孩子成长。

此外，家长还要充分考虑蒙台梭利教育理念的背景，注意文化差异。众所周知，西方文化与我国文化具有较大的差异。比如我国推崇谦虚、内敛，西方则更崇尚自由、张扬的个性。在这样不同的背景下成长的孩子，其个性自然有所不同。考虑到蒙台梭利教育法诞生的背景，显然更适合西方儿童的教育。因此，我国的家长在应用蒙台梭利教育思想时，一定要考虑到文化差异，避免"水土不服"，要根据我国的国情和文化特点，对相关教具、教材做出改造，也不要生搬硬套相关操作程序，在其理念下操作，最适合孩子的才是最好的。

蒙台梭利教育是平民的，不需要贵族化的包装。在一些家长看来，蒙台梭利教育法似乎意味着贵族化、精英化，甚至为此送孩子到费用高昂的所谓贵族学校中学习，其实并没有必要，而且这种做法是违背蒙台梭利的初衷的。蒙台梭利教育法本就是为平民家庭的儿童而设立的，且并不能代替通常的幼儿园教育。家长不能顾此失彼，为了让孩子接受"专业的"蒙台梭利教育而忽略了同样重要的常规教育。

家长在应用过程中还要合理改造相关教育因素。蒙台梭利教育理念的提出与其背景密切相关，这种背景包括社会、国情等诸多因素。时至今日，社会、家庭的发展早已不同，蒙台梭利教育思想中的一些已不再适用。家长要注意这一点，在应用蒙台梭利教育理念的过程中，合理、大胆改造不适用的部分，让孩子不走弯路，更好地成长。

那么，为了更好地应用蒙台梭利的教育理念，父母应在家庭中做哪些准备呢？

1.要有合适的场所。

为孩子准备一个安全且适合他们活动的空间，并为他们提供相关教具，让孩子有一定自由的同时，在蒙台梭利理念的指导下成长。

2.家庭生活要规律。

为培养孩子的纪律性和良好的生活、学习习惯，家庭生活应尽量规律，父母也遵守与孩子一起制定的规则，同时给孩子一定的自由性，让他们自主安排自由时间。

3.为孩子创造良好的家庭氛围。

蒙台梭利发现，家庭环境对孩子个性的养成有很重要的影响。因此，家长要尽量让孩子在家庭中养成自信、放松、敢于表达的习惯，这就需要家长为他们提供相应的成长氛围。

4.多鼓励，少斥责。

很多家长经常使用"真笨""这样做不对"等指责性词语训斥孩子，这对孩子的成长是不利的，会让孩子变得怯懦、依赖家长，不懂得自主选择、主动成长。因此，家长要多鼓励、少指责，用积极态度鼓励孩子的尝试，给他们充分的自由，让他们按自己的节奏成长、学习。

5.将孩子看作独立的个体。

我国很多家长都没有将孩子看作有能力的个体，认为他们还小，什么都不会。对此，蒙台梭利指出，孩子是具有能力的天生学习者，在适当的指导下，他们可以沿着自然的法则成长。因此，家长要尊重他们，引导他们主动、积极地成长和学习。

6.细心观察孩子的敏感期。

敏感期是蒙台梭利教育思想中的重要部分。根据孩子的成长敏感期"对症下药"，能增强他们的学习效果。而且每个孩子敏感期出现的具体时间并不同，这就需要家长细心观察，留意他们的敏感期，并有针对性地教育。

7.适当协助但不干预。

蒙台梭利一再强调，要给孩子一定的自由。家长要让孩子按自己的节奏，在内在生命里的鼓舞下主动成长。因此，对于孩子的成长，家长要协助但不干预。激发孩子的生命力，让他们主动成长，往往事半功倍。

蒙氏早教心经：

1.注重蒙氏教育精髓，不能只走形式；

2.注意避免文化差异导致的"消化不良"；

3.合理改造相关教育因素；

4.为孩子提供一个安全且适合他们活动的空间；

5.家庭生活要规律；

6.营造良好的家庭氛围；

7.多鼓励，少斥责；

8.充分尊重孩子，将孩子看作独立的个体；

9.细心观察孩子的敏感期；

10.适当协助但不直接干预。

第二章

父母这样做孩子会更聪明

学习知识是孩子的天性

蒙台梭利认为，孩子出生后的前三年，即0到3岁这一时期将决定一个人的一生。在这一时期，孩子将发挥自己与生俱来的本能——学习，从周围的人和环境中获取尽可能多的知识和技能，为今后的成长和生活奠基。

随着科技的进步和各方面水平的提高，人类对自身的研究也逐渐深入。科学研究发现，婴儿的精神世界具有类似于"天赋"的神奇力量。孩子自从出生就具有非常强的学习能力，比如孩子的听觉、触觉以及语言能力等。在没有学校这样的专门机构的系统教育下，孩子就可以学会理解成人的语言，从别人的表情、动作等判断出一些重要信息，并且凭借着听觉和模仿学会使用字词，能够准确地用一门语言来表达自己的意愿和情感，并且对周围的环境有了一定的认知和理解。凭借着这种学习的天性，孩子甚至懂得了一些非常抽象的问题，例如修养、社会情感、民族情感等，这些知识都将帮助他的内心变得更加丰盈和成熟，促进孩子内在精神世界的发展。

俗话说"三岁看大"，这句话并不是毫无道理，心理学家甚至得出结论，成年人需要六十年认真学习才能获得的知识和技能，对于孩子来说，只需要0到3岁这三年就够了。因此我们甚至可以说"三岁看老"。一个人的人格基础在3岁时已经基本构建好了，如同一座设计好的大楼，它的基本框架已经确定，而3岁之后我们所接受的学校教育，就如同在为这座大楼框架增砖添瓦，让它更加牢固和美观。

在陪伴孩子成长的过程中家长会发现，婴儿期的孩子从最初的只能听到声音，到慢慢地会根据声音判断出一些信息，例如分辨出是谁发出的声音，并且根据成人的声调、语气等判断出对方的情绪等，是在逗自己玩还是在反对自己。而凭借着这样的"听"，孩子就能够学会熟练地运用一种语言。3岁左右还没有上学的孩子，却能够拿着笔像模像样地写写画画，能够认识家中花园里的植物，并且在出门后还能找到家所在的楼和街道。这些技能并非是有人刻意为之的结果，但却是"理所当然"地被孩子学会并且熟练应用。孩子的学习方式是简单的、自然的，而这种学习知识的能力就是孩子的天性使然。

在自然学习的过程中，孩子充分调动自己的感觉器官和神经系统，用观察、聆听等最原始的方式来学习，因此孩子的学习方法有时候会被大人"误解"，甚至会觉得孩子有时候会显得很"愚蠢"。

从吃完早饭开始，一岁多的艾丽就在盯着餐桌前的一把椅子看。妈妈注意到她的反应，觉得很奇怪，于是问道："艾丽，你在看什么？"

艾丽似乎没有听到妈妈的声音，依旧盯着椅子看。妈妈有些不高兴了，认为艾丽没有认真听她说话，于是又提高声音说："艾丽，妈妈在和你说话呢！"

艾丽这才回过头看了妈妈一眼，脸上没有任何表情，好像刚从梦中醒来一般。妈妈对女儿有些失望，因为女儿没有自己想象中那么聪明伶俐。

面对这种情况，很多家长都会觉得孩子有些"呆笨"，注意力不集中，甚至会怀疑孩子是不是反应有些迟钝等。其实孩子是对家里不同的椅子产生了兴趣，学习的天性促使他要对所能接触到的椅子"一探究竟"。而他学习的过程却让父母产生了误解，误以为孩子是蠢笨的，觉得孩子是在浪费时间，于是就拿出了书本来教育孩子。孩子的学习被打断，并被强迫学习自己此时不感兴趣的东西，自然学习效率也是非常低下的。如此一来，在父母眼里则"验证"了孩子不爱学习、蠢笨等观点，对孩子的强迫和管教就变本加厉。如此恶性循环，孩子的学习效率和取得的成绩自然也是不尽如人意的。

家长按照自己的意愿和期望来培养孩子，希望他能够获取哪些能力，将来成为什么样的人。在这些美好期望下，家长似乎忽略了一件事，那就是每个孩子都有独一无二的个性，每个人的个性也都不尽相同，因此家长为孩子提前设置好的成长模式可能与孩子的天性有所出入甚至是相悖的，如果忽略了这一点，家长依然对孩子实施我行我素的教育，那么孩子的学习成果自然不尽如人意，严重者甚至会导致孩子的性格和心理都出现问题。试想如果孩子天性好动，家长却偏偏要让孩子每天安静地坐在书桌前"两耳不闻窗外事"，一心一意刻苦学习，那么孩子又怎么会取得好成绩呢？

蒙台梭利提醒各位家长，要充分尊重和认可孩子的学习天性，并且能够提供合适的环境和条件让孩子发挥自己的天性，在生活和自然中获取更多的能力。家长要允许孩子学习，并且帮助孩子学习，让孩子在快乐、自由的氛围中获取更多的知识和能力。

蒙氏早教心经：

学习是孩子天生的技能，他们的任何一个举动都有可能是在学习，因此家长不要随意打扰他们的思考和行为。在孩子注意力集中于某件事的时候，家长要耐心地在一旁陪伴孩子，让孩子集中注意力，完成手中的探索，增加学习的储备量。

家长要减少对孩子的管束，为孩子创造良好的学习环境和充分的学习时间，让他们遨游在自己的学习世界里。要给孩子一个自由的空间，不要把家长的意志强加在孩子身上，要更多地了解孩子喜欢的是什么样的学习模式。

不要为孩子设置成长模式，否则可能扼杀孩子独一无二的个性，影响孩子的性格养成和心理健康。家长要充分尊重和认可孩子，要引导孩子学习知识，积累知识，让孩子在快乐、自由的环境下获取知识。

重视孩子智力飞跃的八个台阶

智力是随着一个人的成长而发生变化的。从生理的角度来看，大脑成长发育速度最快的时期是0到1岁，6个月大的婴儿的脑质量为800克左右，已达到刚出生时的两倍。蒙台梭利认为，婴幼儿时期是一个人智力发展的关键时期，但是孩子的智力发展并非是持续匀速上升的，而是有八个关键时间，也就是孩子智力飞跃的八个"台阶"。

蒙台梭利认为，在孩子出生到1岁这一年中，孩子的智力成长可分为八个阶段，即八个台阶：

第一个飞跃台阶是在孩子出生的第五周左右。此时孩子的听觉、视觉较之前反应灵敏，对周围环境能通过眼睛观察和声音来做出一定反应。并且能够用表情来表示自己的情绪，也就是孩子开始会笑等。

第二个飞跃台阶是在孩子出生的第八周左右。此时的孩子经过自己的观察之后会发现周围的环境并非是一成不变的，对孩子来说，最初的目不暇接会让他的心里产生一定的恐惧，当然其中也会夹杂着好奇，这种好奇会促使孩子对周围环境进行更进一步的观察，在这种观察中，孩子的智力和各个感觉器官也会进一步发育成熟。要消除孩子的这种恐惧，蒙台梭利认为可以用增加孩子与母亲、家人的接触和互动来消除。

第三个飞跃台阶是在孩子出生第十二周左右。经过十二周的成长和观察，孩子已经能够对周围环境的变化过程有所认知，并且能够做出初步的判断。此时的孩子行为会突然变得灵活起来，因为孩子认为自己此时已经对周围环境有了一定的掌控能力，并且能够对这种变化做出一定的反应，比如孩子会发出一些类似于说话的声音，有时会伴随着拍手、扭动身体等肢体语言，孩子的情绪也会较之前更为丰富。

第四个飞跃台阶是在孩子出生第二十周左右。此时孩子最显著的表现是会更多地使用双手，看到物体的第一反应是伸手去抓，用手摆弄研究之后，然后送到嘴里。

第五个飞跃台阶是在孩子出生第二十六周左右。此时孩子不仅对周围环境和事物的变化过程有了更进一步的掌握，对这些变化的因果关系以及事物内部之间的联系也会有进一步的认知。因此孩子在这一时期会理解日常生活中很多东西的用途。例如会按下开关然后看灯的光亮，看到鼠标被用来操作电脑等。孩子为了探究更多事物之间的联系，会不停地用摔、翻等方式来"研究"，对家长来说这无疑是个头疼的举动。于是有的家长会限制孩子双手的"探索"行为。其实这种做法对孩子的智力发展是有阻碍作用的。

第六个飞跃台阶是在孩子出生后的第三十七周左右。此时孩子对周围环境和事物之间的关系的理解已经不仅仅停留在表面，而是开始有了抽象的思维。此时孩子开始有了分类的概念，对同一类事物有了一定的认知。比如对自己的玩具，不管是卡车还是汽车或者火车，明白它们都会"跑"，并且它们都属于"车"。这就说明孩子从这个时候开始已经初步具有类似于成人的逻辑思维能力了。

第七个飞跃台阶是孩子出生后第四十五周左右。此时孩子会对"顺序"这个词语有了认识。对生活中常做的一些事情能够知道先做什么后做什么。比如孩子会知道想要使用电脑就要先开电源，知道想要小火车跑起来，就要先将轨道拼接好等。此时的孩子开始喜欢自己动手做事。不过家长却更多地会感觉到孩子是在"添乱"。蒙台梭利也提醒家长，要抓住孩子智力飞跃的时期，不要盲目地阻止孩子的学习行为，要多帮助孩子"完成"自己想做的事，促进孩子的智力发育。

这一时期的最后一个飞跃台阶是在孩子成长到五十五周左右的时候。这个时候的孩子会有更多的自主意识。之前会按照自己的模仿和理解遵守事物的顺序，而第五十五周时，孩子会更多地按照自己的意愿来安排生活中很多事的规律，这是孩子自我意愿的表达。

0到1岁是孩子智力发展的重要时期，在这一时期内，孩子经历了八个智力飞跃的台阶，对以后的成长具有重要的奠基作用。因此家长们要重视孩子智力飞跃的关键时期，对孩子施以正确、科学的引导和刺激，帮助孩子的智力健康发展。

蒙氏早教心经：

宝宝出生后的一年是宝宝大脑发育最快的一个时期，脑质量仅6个月就可以成长为出生时的两倍。这一年，是宝宝智力飞跃发展的宝贵一年。

宝宝出生一年内的时间中，宝宝的智力发育有八个飞跃台阶，每个飞跃台阶都是孩子大脑发育的关键时期，家长要了解这些飞跃台阶，正确引导和刺激宝宝，让宝宝的智力得到飞速发展，让宝宝健康成长。

宝宝经历的这八个智力飞跃台阶也是孩子智力成长的基石，家长一定要重视这一年的时间，让孩子逐渐养成良好的生活规律，帮助孩子顺利地表达出自我意愿。

抓住孩子成长的"敏感期"

"敏感期"这一说法，最初是由荷兰的生物学家德·弗里提出的。首位将"敏感期"这一说法运用在教育学领域的是蒙台梭利。她认为，孩子在成长中也会经历多个敏感期。在她创立的"儿童之家"中，蒙台梭利经过长期的观察和总结，认为孩子在成长中的某些时期内，会对外部环境的刺激表现得非常敏感，并做出很明显的反应。蒙台梭利将这些时期称为孩子成长中的"敏感期"。在敏感期内会产生一种动力，这种动力会让孩子的某种学习能力增强或者产生非常强烈的学习欲望，又或者孩子会表现为对某种特定的事物或者信息产生非常敏锐的洞察力和强烈的反应。这种动力也可以称之为敏感力，在这种敏感力的刺激下，孩子的学习能力就会增强，并会对学习产生很大的热情。而当这种敏感力渐渐退去，这种敏感期也会逐渐消失，那么孩子也有可能会失去对之前在敏感力的促进下对事物的兴趣。因此，抓住孩子的敏感期，对孩子施以正确的刺激，对帮助孩子的智力开发是有明显作用的。

　　小刘是个新手妈妈，她的儿子刚8个月。小刘是个很爱干净的人，可是8个月的儿子却总是和她作对。现在，儿子开始吃辅食了，小刘担心儿子弄脏衣服和双手，就亲自喂儿子吃各种辅食，但儿子却对各种餐具和食物很感兴趣，小刘喂辅食的时候，儿子就不停地伸手想要抢夺小刘手里的勺子和筷子，小刘不给，他就开始抢碗，直接把手伸到饭碗里，弄得满手都是食物。每次喂辅食，小刘都会累出一身的汗。有已经做妈妈的朋友劝她就让儿子自己在碗里抓饭吃，小刘却觉得那样儿子会弄得一身脏，到时候收拾起来更麻烦，反正孩子到了该吃饭的时候自然会自己吃饭的。对此，朋友却直摇头，说："这可不一定啊，喂习惯了他会一直让你喂下去的。"

　　要想帮助孩子在敏感期内开发智力，作为家长，首先要能够掌握孩子的敏感期都是什么时候。根据长期的教育实践和总结，蒙台梭利将孩子的敏感期归纳为以下几个时期，并将孩子在每个时期内的敏感方向为家长进行了总结。

　　0到6岁是孩子对动作非常敏感的时期。在前文中我们提到过，在孩子成长到二十周左右的时候，双手就会被越来越频繁地使用。而孩子的视力则是从出生的第五周就开始进步，对动的东西会格外注意。因此我们可以看出，孩子对动作的敏感是一个持续且相对较漫长的过程。从对运动的事物感兴趣，到自己动手参与各种活动，孩子的动作学习由简单到复杂，从某一种肢体的参与，到全身协调地使用和调动，都是孩子在动作敏感期内的学习成果。

比如成长到1岁左右，孩子会开始对行走感兴趣，并且开始利用周围可以给自己提供帮助的事物来练习行走，并且不厌其烦地重复行走这一动作。孩子之所以会突然对行走感兴趣，其内在动力就是孩子的敏感期产生的敏感力。在敏感力的推动下，孩子就会获得独立行走的能力。当孩子完全掌握了行走的能力后，对行走的好奇也会渐渐淡化，此时，刺激孩子行走的敏感力也会渐渐退去，那么孩子也会迎来下一个敏感期。在下一个敏感期中，孩子对新的事物或者活动产生兴趣，也会获得新的能力。

家长有时候会发现孩子喜欢蹲在墙角看蚂蚁搬家，甚至可以兴致勃勃、一动不动地看好久。当孩子对生活中一些细节或者微小事物感兴趣时，也就到了孩子的另一个敏感期。这个敏感期大约在孩子1岁半到4岁之间。这个年龄段的孩子会对生活中一些细微事物产生很大的好奇心，运用自己的视觉、听觉等各个感觉器官认真感受周围环境的变化。这一时期也是促进孩子感官发展和智力发展的好时机，对塑造孩子沉稳、认真、细致的性格非常有帮助。在这一时期内，蒙台梭利提醒各位家长，当孩子在认真观察或者学习时，不要贸然打断孩子，而是要引导孩子，将观察的能力进一步提高，趁着敏感力的作用，教会孩子更多知识，促进孩子智力的发展。

0到6岁的孩子还会对语言表现得非常敏感。蒙台梭利根据孩子的学习特点将这一敏感期细分为前语言理解阶段、语言理解阶段和语言期这三个时期。在前语言理解阶段，也就是从孩子出生到8个月大这一时期。此时孩子会对声音产生兴趣并认真聆听，配合视觉来理解声音发出者所要表达的含义。6个月大时，孩子会尝试着发出声音，通过观察成人说话时的口型和声音来模仿说话。此时他们发出的声音大多是单音节，或者类似于尖叫的声音。语言理解阶段是孩子9个月到1岁这一时期。此时语言对孩子来说已经变成一种有意识的行为，到了语言期，即1岁到3岁时，孩子发挥出了天才一般的语言能力，掌握了大量的词汇和句子，并且熟练地掌握了自己的母语。在孩子的语言敏感期内，家长要注意多和孩子交流互动，帮助孩子提高语言能力，促进智力发展。

此外孩子的敏感期还有秩序敏感期，即2岁到4岁。这一时期孩子对周围环境十分敏感，如果生活中熟悉的环境发生改变，孩子会变得不安甚至哭闹。家长要在这一敏感期内帮助孩子提高对环境的认知能力和熟悉程度，让孩子能够适应环境的变化，提高孩子的智力。

文化敏感期是指孩子6到9岁这一阶段。此时孩子已经进入学校接受系统教育，家长要注意引导孩子对文化知识兴趣，让孩子在这一阶段吸收更多的知识。

蒙氏早教心经：

孩子在成长过程中会经历多个敏感期，0到6岁是孩子经历的第一个敏感期。在这个时期，孩子的好奇心浓厚，对周围的环境表现出强烈的探索欲望，喜欢运动，发掘新奇的事物。

家长要帮助孩子顺利度过第一个敏感期，当孩子对周围事物表现出浓厚兴趣时，家长要支持和鼓励孩子的探索行为。

家长对待孩子要有耐心，不要因为任何理由打断孩子的行动，当孩子对新环境感到不安时，家长应陪伴在孩子身边，逐渐增强孩子对环境的认知能力和适应能力。

0到6岁的孩子对语言也有非常敏感的反应，家长要利用这一时期，让孩子尽可能多地掌握词汇，多和孩子交流沟通，让孩子多学多说多问，帮助孩子发挥天才一般的语言能力。

孩子的成长从模仿开始

常言道：父母是孩子的第一任老师。孩子的一切学习都从模仿开始，与他们朝夕相处的父母自然是孩子最佳的模仿对象。孩子有意识地模仿，开始于1岁半左右。从这一时期开始，孩子学着模仿成年人的样子做一些事情，但是孩子依然按照自己的理解发展着自己的思想。因此家长是孩子模仿的对象和所要达到的目标。按照这种说法，家长为孩子树立的榜样越优秀，孩子所取得的成就也就越大。因此孩子的完美程度与家长的榜样力量是分不开的。但是蒙台梭利却提出了不同的观点。她认为孩子的模仿结果与成人这个榜样的完美程度是没有关系的。因为孩子在进行模仿行为之前，已经经过大量的、长期的"准备"。当然这种"准备"是孩子的成长经历与已经有所发展的智力。因此蒙台梭利认为成人提供给孩子的只是一个模仿的对象和行为的示范，她同时还肯定，一旦孩子开始模仿，那么他一定会超越自己的模仿对象，也就是说，孩子会比大人做得更好。

但是成年人这个榜样对孩子来说却又有着重要的意义。榜样可以刺激孩子产生学习的兴趣，给孩子学习的方向。但是孩子这种模仿能力需要前期大量的积累和准备活动。例如一岁左右的孩子开始学着模仿成年人独立行走，并且在很短的时间内就能够达到这一目标。孩子之所以能够成功学会行走，其根本原因不是家长的榜样有多么完美，而是孩子经过一年的成长，已经做好了充分的准备。成年人的榜样只是起到了引导的作用，给孩子模仿的对象，让孩子能够获得具体的能力。当然要真正获得生活的技能和知识，还需要经过大量的练习和巩固，孩子才能够做到熟能生巧。

一岁半的乐乐是个活泼好动的男孩子，小小年纪的他才刚刚学会走路就开始到处串来串去，累坏了照顾他的妈妈和奶奶。别看是两个大人在照看他一个小娃娃，可妈妈和奶奶还是觉得每天就像是爬了一座大山一样累。不仅身累，心更累。

为了减轻带乐乐的痛苦，妈妈和奶奶想了很多办法。比如，限制乐乐的活动范围，只让乐乐在一个房间里玩，这样虽然轻松了一些，但乐乐却不满足了，经常哭闹个不停，要去房间外面玩。妈妈也觉得总这样限制乐乐的活动自由对他的成长十分不利，可怎么才能轻松地照顾乐乐呢？

有一天，妈妈正在扫地的时候，突然看到乐乐跑到了她的身边，眼睛一眨不眨地看着她扫地，表情既困惑又认真，过了一会儿，他突然笑着跑进了厨房，妈妈吓了一跳，怎么就忘记关厨房门了呢。当她跟着跑进厨房想把乐乐抱出来的时候，却看见乐乐拿着另一把扫帚，笨拙地扫来扫去。看见妈妈进来，他扫得更起劲了，好像在向妈妈炫耀自己的新技能。难道儿子是在模仿自己？妈妈疑惑间，就没有制止乐乐的行为，而是轻轻扫了一下地。乐乐一见，果然也动了一下扫帚，虽然还不能称为扫地，但这样的模仿已经很让妈妈开心了。

突然，妈妈想到了一个轻松照顾乐乐的好方法。从那一天开始，妈妈在做一些没有危险的家务活时，总是会带着乐乐一起做，而乐乐不仅没有给她捣乱，反而模仿着妈妈的动作，帮着她一起做家务。

在生活中，我们常常可以看到，孩子们经常会做一些在大人眼里毫无意义甚至显得非常可笑无聊的事。例如有的孩子可以安静地坐在一旁将手里的白纸翻来覆去地"研究"，或者将它们撕成条状和碎片，孩子乐此不疲地重复着这一工作。对孩子来说，这些"准备工作"都是为了能够顺利获得模仿的能力，因此这个过程是非常关键和重要的。但是成年人们往往站在自己的角度来看待孩子的这些行为，认为这对孩子来说是无益的，因此也会盲目、莽撞地打断他，其实这种行为是在破坏孩子的学习过程。或许因为家长的不正确干涉，孩子就会失去认真观察的机会，他因此会变得烦躁不安。在"观察"这一项准备工作上，孩子的功课显然会因为家长的一次次打断而准备得不够充分，于是在他日后的生活中，他可能就会无法静下心来安安静静地观察事物了。

孩子做出任何行为都是出于他们内心的某种欲望或者需求。同样，模仿行为也是如此。在孩子的模仿行为中，更多的动力是好奇心。因为好奇妈妈在厨房里到底忙些什么，或者一顿可口的早点究竟是怎样做出来的，孩子就会学着妈妈的样子像模像样地做起来。因此模仿最初的动力是好奇心，而模仿的行为也并不完全是孩子模仿的目的，他们的目的更多的是内心的好奇或者其他某种需求。

孩子的模仿行为并非是盲目的，相反地，蒙台梭利提出孩子的模仿带有明确的选择性。比如家长会认为孩子最感兴趣的东西应该是玩具，因此会在自己忙碌之前给孩子准备一大堆的玩具，借此希望孩子不会再来"打扰"自己。但是事实往往并非如此，孩子会抛下在父母眼里非常有吸引力的玩具，反而转过头来看看成人在一旁"玩"什么，而自己也非要参与其中。孩子的这种行为除了好奇之外，更体现出他需要参与到周围环境中的一种内心需求。这是孩子在为自己的社会生活做准备，他希望通过模仿家长的行为来让自己能够更容易地与周围环境相处。对于孩子来说，周围的环境发生的变化才是最新鲜、最具吸引力的，因此他才会放弃家长眼中孩子最喜欢的玩具而选择用模仿来介入家长的生活。

孩子的模仿行为对其成长有着重要意义，因此蒙台梭利也提醒家长在生活中要注意培养和正确刺激孩子的模仿行为，帮助孩子更好地开发智力。

不要对孩子的行为进行过多的干涉。这样会导致孩子注意力无法集中，对孩子的性格塑造不利。

不要用自己的经验来限制孩子的模仿行为。自己的经验固然可贵，但是要想知道梨子的味道，就必须自己亲身体验。因此家长要让孩子通过自己的模仿和体会来达到学习的目的。要知道学习没有捷径，只有自己实践才能获得真知。

蒙氏早教心经：

家长是孩子的第一任老师，也是孩子的首要模仿对象。孩子的很多习惯都是从家长身上学来的，包括对这个世界的了解。因此，家长对孩子的影响是巨大的。

家长越优秀，孩子也越容易成功。家长要在孩子面前树立一个高大的形象，利用自己对孩子的影响力，来培养孩子良好的生活习惯。

有时候，孩子宁愿抛弃玩具，也要"黏"在家长身旁，想和家长一起玩，经常会模仿家长的动作和习惯，做出一些幼稚的举动。这是孩子想参与到周围环境中的一种内心需求，家长要正确地引导孩子，给予孩子一定的良性刺激，这样能有效开发孩子的智力，刺激孩子大脑的发育。

家长要尽可能地让孩子依据自己的意愿来进行模仿行为，不要为孩子固定模式，也不要以成年人的眼光和经验来评判孩子的行为，要在保证孩子安全的情况下，给孩子充分的自由，让孩子在实践中获取属于自己的经验教训。

不可忽视的语言教育

著名科学家爱因斯坦曾说："一个人的智力发展，和他形成概念的方法，在很大程度上取决于语言。"语言教育在蒙台梭利的教育体系中占有非常重要的位置。她认为，语言能力的发展和孩子的各个感觉器官是分不开的。孩子通过耳朵来听，获取其他人的语言，这是学习语言最基础、最初的方式之一。孩子通过眼睛来观察成人说话时、发声时的口形，进而揣摩发声的方法。从咿呀学语，到逐渐能够发出单音节、双音节的词，最后慢慢地能够说出一个完整的句子，由简单到复杂，孩子通过调动自己的各个感觉器官，逐步积累了说话的技巧，再通过不断地联系，逐渐提高了语言的能力。随着年龄的增长，对周围环境的理解也逐渐加深，孩子就可以从完全模仿别人的语言到拥有自己的语言。

语言能力不仅是对孩子各个感觉器官协调能力的考验，更是对孩子思维方式和智力发展水平的综合考验。语言是人与人之间沟通交流的主要桥梁，也是孩子交往能力的重要体现。因此作为家长，一定不能忽视对孩子的语言教育。

蒙台梭利认为孩子在学习语言时会出现一个"爆发期"，这个"爆发期"出现在孩子2岁左右。在这一时期孩子会表现出对语言的极大兴趣，同时也是孩子提高语言能力、丰富语言知识的绝佳时期。所以蒙台梭利提醒家长，要在这一时期内给予孩子正确引导，帮助孩子发展语言能力，从而进一步开发孩子的智力。

乐乐是一位刚刚1岁半的活泼可爱的小女孩，这个年纪正是咿呀学语的时候。现在的她已经能够说出"爸爸""妈妈"等简单词汇，虽然有时候发音不是那么标准，但是孩子对语言总是显得兴致勃勃，嘴巴里总是不停地在说着什么。为了帮助她更好地学习说话，妈妈买了很多认识物体的宝宝书。

"这个是红色的。"

"红……"

"这个是红色，宝宝记住了，这个是红色的。"

妈妈指着红色不断地给孩子重复"红色"。重复几次之后，妈妈开始问孩子："红色是哪个啊？"

乐乐歪了歪头，然后准确地指出了"红色"。

然后妈妈换了一种问法："那把红色的给妈妈好不好？"

孩子稍作迟疑之后，拿起了红色的卡片。在妈妈的夸奖和鼓励下，孩子的嘴里也开始念叨："红……红……"

在这个案例中妈妈给了孩子很好的引导，利用具有高度辨识性的颜色，充分调动孩子的视觉、听觉等各个器官，对孩子的语言能力施以恰当的引导，加深了孩子的印象和理解，慢慢地引导孩子尝试发声，用语言表达出了内容。

教孩子从辨识物体开始学习语言表达能力是蒙台梭利教育法中的一个重要方法。蒙台梭利将这个方法的实施分为了命名、识别、发音这三个阶段。首先家长要告诉孩子这个物体是什么，并且用准确和清晰的发音重复告诉孩子："这是红色"，直到孩子对"红色"这个物体和这样的发音都能够有所印象并且形成初步的理解，这样才能进行下一个阶段。识别是教孩子能够对物体和所对应的发音都能够识别出来。这次家长可以改变提问方式，比如说"给我红色的"或者"红色是哪个啊"这样的方式，相较之前改变了孩子的思维方式，加深了孩子对"红色"的理解，使孩子能够将"红色"和具体实物对应起来。完成了这两个步骤，家长就可以教孩子学习发音，重复给孩子示范，让孩子在重复中掌握发声技巧，提高语言能力。

蒙台梭利非常强调听力在语言学习中的重要性，听力器官直接和发声的语言器官相通。因此在锻炼孩子的语言能力时，家长要注意训练孩子的听力。比如教孩子寻找声音的发源，学会辨识不同的声音。同时家长在给孩子做发音示范时，一定要尽力做到清晰、准确。逐字朗读和唱歌都是非常好的训练方法。尤其是在教孩子识别物体时，家长一定要给孩子准确和详细的描述，这样可以加深孩子的理解，帮助孩子更快地掌握语言技巧。

蒙台梭利认为，锻炼孩子的语言能力，是提高孩子的语言运用能力，让孩子能够准确、清楚地运用词汇和句子表达自己的观点，更好地和他人进行沟通交流。因此家长要注意孩子语言准确性的培养。教孩子学会使用恰当的量词、形容词，比如孩子如果说"好大的楼梯"时，家长要及时纠正："是好高的楼梯。"

孩子的语言能力培养需要经过大量和长期的练习，0到6岁是孩子的语言敏感期，也是语言学习能力非常强的时期。家长要重视这一时期对孩子语言能力的培养，多和孩子沟通交流，再辅之以书籍、电视等多种工具，让孩子多接触语言、在各种语境中加深对语言的理解，在不断的实践中掌握语言能力。

蒙氏早教心经：

语言训练不仅能锻炼孩子各个器官的协调能力，还能有效开发孩子的智力，刺激大脑进行良好发育。

2岁是孩子学习语言的一个"爆发期"，这个时期的孩子会对语言表现出浓厚的兴趣，喜欢听人说话，模仿他人说话，嘴里的词汇每天都在增加，甚至有些孩子每天都在不停地说话。

家长要抓住孩子学习语言的这一关键期，多和孩子说话，锻炼孩子的语言能力，引导孩子准确地表达出自己的意愿，提高孩子的词汇掌握量。

训练孩子的语言能力不是一朝一夕就能完成的事情，所以在锻炼孩子的语言能力时家长要有耐心，除了必要的语言沟通，家长还可以让孩子借助图书、电视等教育工具来锻炼孩子的语言能力，开发孩子的智力。

科学培养孩子的想象力

一位心理学家曾说："想象力的发育是与思维和记忆的开发，以及孩子的情绪和心境紧密联系在一起的，它在孩子认识世界的过程中起着很重要的作用。"蒙台梭利在长期的教育实践中发现，孩子的想象力极其丰富，在3到6岁这一年龄段表现得尤其明显。

由于年龄和阅历的限制，以及自身理解能力十分有限，孩子无法凭借自己已经掌握的知识和眼睛所看到的内容构成对世界的全部理解，为了弥补这种局限性，孩子的想象力便插上了翅膀，借助它的力量在脑海中描绘出独属于他的世界。

蒙台梭利认为，儿童无法通过眼睛所看到的事物拼凑出整个世界的样子。但是如果孩子的脑海中形成了某一种认知或者概念，那么一定是一种被称之为"想象力"的神秘力量在起作用。

很多家长都有这样的经历，每天都要面对孩子诸如"花为什么是红色的啊""人是怎么来的呢"等一大堆奇怪的问题，这些问题看似简单，却让家长感到无比头疼。因为它们无法用成人的思维来解释。如果对孩子进行科学的长篇大论，他们又会觉得索然无味，听完之后也不能理解。于是很多家长会选择对孩子稀奇古怪的问题选择回避，用一句"你长大了就知道了"来搪塞孩子，有的家长甚至会对孩子"不客气"地说："你怎么脑子里净是这些没用处的东西"。这样的做法其实是很不合适的。因为家长粗暴的做法，孩子刚刚萌芽的想象被打断，孩子的好奇心和想象力没有得到满足，这会让他们感到十分困惑甚至情绪低落。也许孩子在下一次兴致勃勃地想要向成人提问的时候，会想起曾经的冷遇，于是他的好奇心和想象力开始减弱，最终失去了许多获得知识和开发智力的机会。

蒙台梭利在其著作中提到，成人要想给孩子的问题一个正确的解答，就必须学会用儿童的逻辑来思考和看待问题。在回答问题时，就必须抛弃成人的逻辑，避免先入为主地将孩子充满想象力的问题成人化。蒙台梭利为成人们提供了如何学习孩子逻辑的方法：观察和交流。通过观察，成人才可以接近孩子的世界，了解孩子的逻辑。

最近，爸爸买了一款新手机。商家说这款手机能防水，防摔，防刮，是所谓的三防手机。冬冬对它的三防功能很是好奇。一天爸爸上班忘了带手机，冬冬放学回来看见了，就想试一试它的防水功能，于是就把手机放在了装水的洗脸盆里。爸爸下班回来了，一边忙着找手机，一边问冬冬："儿子，看见老爸的手机了没有？"冬冬说："爸，爸，你快去试试手机是不是真的防水！我刚给你放在水里了。"

爸爸一听，脸色立刻阴转晴："你这孩子，不是瞎闹嘛！谁让你把手机放水里了，那还不进水啊！"爸爸马上把手机捞了出来，一边心疼地擦着手机，一边训冬冬："一天天地脑子不用在学习上，净给我惹麻烦，你看着啊，手机要是坏了，看我不揍你！""爸，我只是好奇嘛，想知道它为什么能防水呢？"冬冬委屈地说。"你是科学家啊，你哪能知道啊！"爸爸说。手机擦拭干净后，开了机，还能正常使用，于是爸爸松了一口气。他又叮嘱冬冬道："以后我不让你碰的东西不许乱碰，听见没有？""哦，知道了。"冬冬害怕地答道。之后，再遇到好奇的事情，冬冬也不敢吱声了。

好奇心是孩子想象力的重要动力。因为好奇，孩子可以全神贯注地投入一件事中去，同时孩子总是在尽力尝试着能够给别人描述出自己好奇的事情和脑海中的世界。能够准确地复制，对孩子来说具有非同一般的吸引力，为了达到这一目的，孩子才会对自己所遇到的事情忍不住刨根问底，希望从家长那里获得想要的答案。孩子为了自己的目标乐此不疲地开始重复某一件事，正是在家长看来毫无意义的动作，帮助孩子加强了自己对周围环境的熟悉程度，也提高了自身的控制力，让孩子的肌肉和大脑之间能够更加协调地配合成年人将孩子的这种行为称之为游戏，孩子在游戏中将想象力发挥到极致，然后又凭借着源源不断迸发的想象力，不断对新的事物产生兴趣，在新的游戏中完善自己的能力。

孩子的想象力如同一株萌芽的植物，需要阳光和雨露的滋养才能够苗壮成长。父母需要为孩子提供足够的养分和空间，帮助孩子的想象力更好地发展，开启孩子智慧的源泉。蒙台梭利在她的教育智慧中提出了以下几种方法，可以帮助家长更好地培养孩子的想象力。

1. 保护孩子与生俱来的好奇心。

孩子的好奇心是他们无穷无尽的想象力的源泉，因此家长要保护好孩子纯粹美好的好奇，不要在无意或者有意之中打击孩子。当孩子向自己提问时，要尽量保持耐心，尝试和孩子进行交流，在交流中不断改进自己的方式，用自己的知识帮助孩子，开发孩子的智力。

2. 在自然中让孩子获得更多的想象空间。

大自然的魅力能够带领孩子进一步接触想象的空间，让孩子多和自然亲近，在神奇的自然世界中让孩子得到更多的想象素材，进而激发孩子的想象力。

3. 想象不等于"胡思乱想"。

充满智慧和好奇的想象力是开发智力的钥匙，但是不着边际的胡思乱想就没有这么神奇的作用了。家长要帮助孩子进行有目的、有创造性的想象，让想象成为帮助孩子解决难题、寻找答案的动力，引导孩子树立求知欲，这样才能达到开发孩子智力的目的。

4. 鼓励孩子不要停止想象。

家长要对孩子的想象给予肯定，让孩子尽可能地多联想、多实践，在生活中学会发现，学会思考，充分运动自己的大脑，开启智慧的宝藏。

神奇而丰富的想象力其实是孩子与生俱来的最大的智慧之一。因为有了想象力，人才具有创造，培养出具有创造力的人才，才是教育的终极目标。

蒙氏早教心经：

丰富的想象力能培养孩子的思维能力，增强孩子的记忆力。3到6岁期间，孩子的想象力极其丰富，家长要抓住这段黄金期，培养孩子的想象力，开发孩子的智力。

好奇心是孩子想象力的基础。孩子在成长的过程中，好奇心会十分旺盛，总喜欢问为什么，对任何事物都感到好奇和不解。面对孩子的提问，家长要有耐心，不要用"暴力语言"伤害孩子的自尊心，打击孩子的好奇心理。

要培养孩子的想象力，家长可以带孩子多去大自然中寻找灵感。在大自然中，孩子不仅可以领略美妙的自然风光，还能获得许多想象素材，能有效激发孩子的想象力。

对于孩子的想象，家长要给予肯定和鼓励，不要批评孩子的想法幼稚，要让孩子在想象的同时学会思考，引导孩子学会运用智慧的力量。

第三章

孩子的独立性需要从点滴培养

独立，从自理开始

自理能力，简言之即服务自我的能力，具体表现为生活中各项必备的基本技能。自理能力的提高是孩子学习走向独立的重要一步。蒙台梭利认为，教育孩子的最高目标，就是要让孩子能够自立。无论是从精神上、物质上都无须依赖父母，并且能够对自己的思想负责。

幼儿成长到4岁左右时，正是自我意识极强的时候，这个年龄的孩子更喜欢按照自己的想法去动手完成一些事情。在这一阶段，家长就要给予孩子正确的引导，帮助他们学会独立，从而建立孩子的自信心和责任感。为了完成这一目标，家长要教育孩子掌握一些基本的生活技能，逐渐学会自理。

在生活中，我们常常能够发现这样的现象：幼儿园中有的孩子不能独立上厕所，还有的孩子不会自己穿衣服和鞋袜，有的孩子不能够独立进餐，甚至在家里都需要父母来喂，更不用说能够生活自理，或者帮助父母做一些简单的家务了。比如有一位叫康康的小朋友不爱吃饭，为了让他多吃一点儿，妈妈每天端着饭碗，跟在他后面满屋子乱跑，一口一口哄着喂。从他开始学着吃饭，到现在都上小学了，吃饭依然需要妈妈一边哄一边喂。而现在妈妈想教育他自己学着吃饭穿衣，却发现康康根本没有了学习的欲望，真正变成了"衣来伸手饭来张口"，而在学校里孩子的独立性也很差，不愿意自己上厕所，同学们一起游戏时他也很少参与。

现在妈妈非常担心，他的自理能力跟同龄孩子相比实在差太多了，跟他的年纪也不相符合。但是面对已经上小学的孩子，他的教育难度已经远远超越幼儿时期了。很多父母在孩子小的时候，觉得孩子年纪太小，学习自理太难了，想等孩子年纪大一点儿再教。但是，等孩子年纪大了，父母会发现，此时再教孩子学习自理就会变得非常困难。原因在于孩子在幼儿时期成长时会自发地进行学习，而父母一而再，再而三地阻止，会让孩子对学习自理失去兴趣，等待孩子年纪大了，父母想教的时候，孩子已经不想学了。所以，对孩子自理能力的培养一定要从小开始。

襁褓中的婴儿是没有独立意识的，他们也完全不具备独立的能力。但是六个月大的孩子便渐渐开始学习爬行，自己有了行动能力，独立意识也便开始苏醒。他们的双手开始抓东西，开始希望按照自己的意愿来做一些事情。这个时候如果家长不能给予孩子正确的引导，就会错过帮助孩子学习自理、学会独立的最佳时机。

其实在康康一岁多的时候，妈妈喂饭时孩子便会有抢汤匙或者筷子的举动，但是康康自己吃了几次后，妈妈看见他经常将饭桌弄得一团糟，衣服上也到处都是饭粒，于是妈妈便不再让康康自己费时费力地吃饭了，久而久之，康康便被妈妈喂成了习惯，不想再自己动手吃饭了。不仅如此，他变得没有了想要自理的欲望，整个人也变得没有自信、胆怯。在孩子学习自理的过程中，父母不要觉得孩子做得不好，要相信孩子，对待孩子要有耐心。孩子在幼儿时期要想学会一种技能，练习是必不可少的，父母要抓住孩子的敏感期，帮助孩子学会自理。

要想培养孩子的独立性，就要从培养孩子的自理能力开始。蒙台梭利早教智慧告诉我们，家长要培养孩子的动手能力，让孩子在日常生活中的小事中学会自理。比如让孩子自己动手刷牙、洗脸、穿衣、吃饭，整理自己的日常用品和玩具，掌握一些基本的生活技能，随着孩子的年龄增长，家长也要教孩子做一些力所能及的家务，教孩子学会帮助别人，培养孩子的独立意识和社会责任感，让孩子在生活中能够更加积极、自信。

蒙氏早教心经：

孩子在4岁左右开始出现自我意识，表现为孩子想要自己完成某件事，这时，父母不要因为孩子完成得不好而阻止孩子，这样会逐渐磨灭孩子的自我意识。

孩子一旦有了独立行动的能力，随之就会出现独立意识，父母要抓住孩子出现自理意识的敏感期，培养孩子的独立性。

培养孩子的独立性可以从身边的小事做起，比如让孩子一个人吃饭，让孩子独立整理自己的房间等，这些事虽小，但对于培养孩子的独立性却有很大的意义。

家教不能忽视孩子的独立人格

在传统教育中，孩子的人格似乎总是被家长忽视。在孩子生命的最初几年甚至十几年内，家长总是用成人世界的法则来培养孩子和要求孩子，因此孩子更像是一个"将来式"，而非"现在进行式"的"产品"，在孩子真正长大成人或者在父母眼里"长大成人"之前，孩子并不能得到家长从内心对他们人格的重视和尊重。

但是蒙台梭利很早就提出，"孩子本身也有其独立人格"。孩子的内心单纯且神奇，他们往往具备成年人无法相比的创造力和想象力。但是孩子的内心是十分敏感且脆弱的，需要成年人精心呵护，并帮助他们逐渐走向成熟。很多父母在孩子长大后会埋怨孩子懦弱，没有担当，其实孩子变成这样的很大原因是在孩子幼儿时期造成的。幼儿时期是孩子本身人格的迅速发展时期，孩子看到的、听到的、接触到的都会对孩子人格的塑造产生影响。当然，父母是孩子最亲近的人，所以对孩子的影响也最大。很多父母因为孩子年纪小而忽视了孩子的独立人格，强制孩子听从自己的安排，孩子如果不听话，就责骂孩子，父母的行为可能当时让孩子顺利了，却让孩子错失了培养自己的机会。

在孩子幼年时期，家长往往更注重孩子的物质需求，更关心他们的身体健康，照顾孩子健康成长是每个家长义不容辞的责任。有句俗语叫作"身体是革命的本钱"，诚然，强健的体魄确实是拥有美好生活的基础，但是如果在早教期间家长只关心孩子有没有吃饱穿暖，衣服够不够干净等物质层面，而没有重视到孩子的人格发展和精神需求，就会导致孩子的身心发展不够平衡和健康。"没有一个人可以光靠面包活下去"，这句话同样适用于一个人的幼年时期。同时家长过分注重孩子的物质需求还有可能会导致孩子错误的金钱观等不恰当的观念。因此蒙台梭利早教智慧提醒家长在物质最不重要的幼儿时期，不要让孩子被物质左右，被物质奴役，导致孩子的价值观扭曲。

不得不承认，在有些家庭和学校的教育环境中，孩子的人格教育并没有得到应有的重视。而没有按照孩子的需求和特点设置的成年人世界并不适合孩子的成长，而并不了解成年人世界规则的孩子也被其拒之门外。这一点在家庭教育中和家长将"好孩子"定义为"听话"的孩子是极为相似的，家长按照自己的价值观和要求为孩子制定"规则"，并要求孩子"听话"。但是家长在这一过程中往往会无意或者有意忽略了孩子的独立人格，让孩子的精神需求和作为人被尊重的需求得不到满足。而长此以往，孩子的自信心会受到打击，对孩子的性格塑造造成极为不利的影响。

比如有这样一个孩子，5岁的年纪了，但是和同龄人相比，他显得非常胆小且没有主见。无论做什么事之前都要"请示"他的妈妈，让妈妈来给他做决定。一开始的时候，他的妈妈还引以为豪，经常向别人夸耀自己的孩子多听话，但是随着时间的推移，妈妈发现这样并不是一件轻松的事。比如孩子连买一支铅笔都会来询问妈妈"买什么样的啊"，甚至都不敢独自出门买东西。

原来孩子从小便被父母教育要一切听父母的。他的家长认为孩子还小，根本没有自己选择的能力，也不会做很多事，因此就要由家长代劳。"他一个小孩子，懂什么啊"！往往很多家长都是抱着这样的心态为孩子包办一切。"我是他妈我还不了解他嘛！""家长还能害了孩子啊！"顶着这些"爱"的名义，家长就这样剥夺了孩子很多的权利，将孩子的独立人格完全抛在脑后。更有甚者有的家长会觉得孩子根本不存在人格，父母对孩子的管教是理所当然，对孩子的各种管教方式诸如打骂或者包办一切也都是为了孩子。

蒙台梭利认为，每个人从一出生就有独立人格。作为家长，一定要承认且尊重孩子的独立人格，帮助孩子认识到自己的人格，并且帮助孩子塑造健康积极的性格。独立人格的塑造对培养孩子的独立意识是非常有帮助的。一个没有独立人格的孩子是无法真正独立的。因此家长千万不能忽视孩子的独立人格，也不能忽略对孩子的性格培养。蒙台梭利告诉家长，在孩子的世界里，家长要比平常更为温柔和细致，不要用粗暴的方式给孩子幼小的心灵造成创伤，将他们正在渐渐苏醒的人格意识扼杀在摇篮里。只有家长给予孩子足够的尊重，孩子感受到被尊重的好处，由己及人，孩子才能在和别人的交往中给予别人足够的尊重。

蒙氏早教心经：

培养孩子的独立性，最重要的是培养孩子的独立人格。很多父母以为孩子在幼儿时期只要吃饱穿暖就好了，但这段时间的人格教育更重要。

　　成年人的价值观并不一定都适用于孩子，父母要针对孩子的情况，制定适合自己孩子的人格教育。

　　很多父母觉得孩子还小，什么都不懂，需要父母为孩子操心。其实，每个孩子都有自己的想法，父母的强制爱护反而会让孩子失去独立性。

不做孩子的"看守员"

　　当每一位家长怀着欣喜和兴奋的心情迎接来到这个世界的小生命后，都会给予他们最细致温暖的呵护和无微不至的照顾。作为家长，都在努力尽量为孩子铲平成长路上的困难险阻，为他们营造一个舒适幸福的生活环境。但是这种呵护和照顾一旦"用力过猛"，就会变成孩子厌恶逃避、家长劳心费力的"监督"。而此时，原本是孩子成长路上保驾护航的家长也会变成不近人情的"看守员"。孩子和家长的关系也会随之变得紧张，不复从前的温情和亲昵。

　　蒙台梭利认为，只会做看守员的家长无疑是失败的。家长时时刻刻的耳提面命会让孩子的健康发展受阻，不利于孩子的健康成长和身心发展。在家长的监督和干扰中，孩子逐渐萌芽的独立意识就会被磨灭，在孩子的成长中，"逃离监督和看管"就会成为最强烈的愿望，他的精力也就会放在寻求"解放"和"自由"中。家长和孩子的亲子关系也会受到非常不利的影响。这一影响如果持续到孩子长大，尤其是到了充满叛逆的青春期，更会给孩子和家庭都带来很大的不利影响。

　　在本章中提到过，成人世界是不适合孩子的，其规则和要求对孩子来说也是不适合甚至无法接受的。家长之所以觉得孩子百般不听话、需要父母随时随地地监督，便是孩子对成人世界各种不适应的体现。其根本原因便是家长没有为孩子提供一个完全适合他们成长和生活的环境。在蒙台梭利的早教方法中，她建议大人为孩子提供一个完全适合其成长的环境。例如大人的一切用品对孩子来说就是个庞然大物，对孩子的使用造成很大的不便。因此作为家长，应该为孩子准备与他们的身高、能力等相匹配的日常用具，例如小床、小板凳、小毛巾、小牙刷等，这样孩子使用起来更加方便、更加容易，孩子也就更加乐于使用，懒散和需要父母事事代劳的情况也就也可以在很大程度上避免，因此家长也便不需要时时刻刻都做一个看守员。

　　有一位家长，她发现自己的孩子在洗手间洗漱完后，洗漱台总会被弄得一片狼藉。"我跟你说过多少次了，东西用完后要放归原位！你怎么总是不听！"为了帮助孩子学会物归原位，家长不得不每天都跟着孩子在洗手间洗漱，然后在一旁指挥："这个，放在那！""那个，怎么又乱放了？你刚才在哪取的？"有时候在情急之下，她的监督甚至会变成打骂，洗手间经常传来孩子的哭声。

　　于是渐渐地，孩子不愿意去洗手间洗漱，每次一到洗漱时间，孩子总是找各种别扭。有一天孩子自己在洗手间洗漱，要把毛巾放回原位时，因为挂钩太高，他就踩在了小板凳上，结果没站稳，一下子摔了下来，鼻子都流血了。这时候妈妈才注意到，原来不是孩子不愿意物归原位，而是要做到把所有东西放整齐对孩子来说实在有难度。卫生间的一切装修和设计都是根据成人的身高和使用习惯设定的，对孩子来说挂钩太高、毛巾太大、洗手池太高。于是妈妈就在孩子能够得着的地方粘了一个小挂钩，挂着属于孩子的小毛巾，又准备一个小盆子专门接孩子刷牙的水。这样一来，孩子再也不会使用困难，不用妈妈说，自己的小东西们都整整齐齐地摆放着，妈妈的"看守员"也"下岗"了。

　　生活中的许多细节都是根据成人的角度去设计的，这就造成了孩子在使用时的不便。父母遇到孩子在生活中出现问题时，不要立刻责骂孩子，首先向孩子询问原因，弄清楚事实，然后依据孩子的情况，用合理的办法解决。如果父母不问缘由，只知道打骂孩子，对孩子造成的心理影响是会伴随孩子一生的。如果父母一直做孩子成长的"看守员"，而不理解孩子，对孩子造成的影响是非常不好的。

　　从0岁到6岁，这一时期正是孩子的自我意识从无到有的过程，尤其是进入4岁之后，孩子的自我意识和独立意识都处于高峰期，希望能够按照自己的意愿处理事情。而家长则认为孩子还小，不具备独立处理事情的能力，因此便会干涉孩子甚至监督孩子，成为孩子身边的"看守员"。从表面看是家长帮助孩子，其实家长这样的帮助在无意识中扼杀了孩子想要独立的欲望，孩子会变得越来越依赖父母。

蒙台梭利提醒各位家长：在孩子成长的过程中，家长要指导、帮助孩子获取各项能力，但是，指导和帮助并不等于时时刻刻的监督，家长要做一个引路人、护航人，而不是看守员、监督者。过分地干预孩子的成长，会打击孩子的自信心，更会滋生孩子的依赖性和懒惰性，最终不利于孩子的健康成长，也会给家长增加负担。

蒙氏早教心经：

在孩子的成长过程中，孩子是成长的主体，父母要学会尊重孩子的意愿，从旁协助孩子，不要做孩子的看守者。

父母在成长过程中要看到孩子的优秀面，如果孩子有的方面做得不好，父母不要一味指责孩子，要弄清楚原因，帮助孩子更好地成长。

父母过分干预孩子的成长，会打击孩子的自信心，养成孩子的依赖性和懒惰心理。父母要学会适当地放手，要对孩子有信心。

不要让溺爱扼杀孩子的独立性

世界上最伟大、最无私的情感，当属父母对孩子的爱。从十月怀胎到咿呀学语，再到逐渐羽翼丰满，每一位家长时时刻刻为孩子倾注着爱心。但是家长的关爱却也时常伴随着一种危险，稍不留神，保障孩子健康成长的关爱就变成了阻碍孩子身心独立发展的溺爱。

蒙台梭利认为，摆脱别人的帮助是孩子走向成熟的早期标志，也是一个孩子的本能。孩子在成长过程中越来越渴望能够在没有家长帮助的情况下完成一些事情，比如吃饭喝水、穿衣行走。但是孩子的这种愿望却时常因为父母的溺爱而备受阻碍。在这种情况下，父母常常是出于帮助孩子的好意，幼儿时期的孩子对于父母来说实在是太弱小了，很多情况下，父母都是下意识地在帮助孩子，但这种行为确实是在扼杀孩子的独立性。

父母常常抱怨孩子变成了衣来伸手饭来张口的宠儿，觉得这是因为孩子变得懒散，其实不然。造成这种结果的"元凶"正是对孩子过分宠爱的家长。正是由于家长过度溺爱，为孩子的生活排除万难，希望孩子能够过得轻松快乐，于是在爱的名义下，吃饭、喝水、穿衣、行走等最基本的生活行为都被家长用各种各样的方式代替，孩子一次次学习的机会被剥夺，在这个过程中，孩子也养成了对家长无比依赖的习惯，从最初的被动接受家长的帮助，到逐渐离不开父母的帮助，甚至不仅从生活上依赖父母，在心理上对父母的依赖更为强烈。也就是说，父母对孩子的溺爱使得孩子失去了独立思考的能力，或者对自己的思维产生了不信任，潜意识中认为必须依靠父母，以父母的判断为准则，不论大小决定都等待父母为自己寻找结果，自己只需坐享其成即可。这种习惯一旦养成，对孩子的成长和人生都是极为不利的，会造成很大的人格缺陷，对孩子的独立发展会造成巨大损失。

现代社会很多年轻父母由于工作繁忙，不得不由爷爷奶奶代为照顾孩子。俗话说"隔代亲"，爷爷奶奶对孩子的溺爱较之父母更是有过之而无不及。有了爷爷奶奶做靠山，有的孩子还会变得更加肆无忌惮。

"来来来，再吃一口，乖，就一口。"奶奶端着一碗饭，跟在玩着遥控飞机满屋子乱跑的孩子后面，用央求的语气只是为了孩子能多吃一点饭。这样的一幕每天都会发生在亮亮的家里。

由于父母工作的原因，上幼儿园之前，亮亮都是由爷爷奶奶抚养的。爷爷奶奶对这个小孙子异常宠爱，真是"捧在手里怕摔了，含在嘴里怕化了"。在生活上无微不至的照顾让亮亮很快就变成了名副其实的"衣来伸手饭来张口"的孩子。甚至连出门都"脚不沾土"，都是爷爷奶奶背着他。于是家里每天都要上演奶奶到处追着孩子喂饭的一幕。

转眼间亮亮就到了上学的年纪。但是孩子的自理能力如此之差，让亮亮的妈妈非常担心。但是造成亮亮自理能力差的原因正是亮亮的长辈对于孩子的溺爱。长辈宠孩子是出于对孩子的爱，但是不分对错一味地宠孩子却是在害孩子。作为家长，这点父母一定要注意，不仅仅是父母本身不能溺爱孩子，如果家中的长辈过于溺爱孩子，父母就要与长辈进行交谈，帮助孩子摆脱以自我为中心，依赖他人的毛病。

这样的例子在生活中其实非常多见。蒙台梭利认为，走向独立是每一个孩子的天性和本能，但是在这个过程中如果家长过分参与甚至干扰，用自己的劳动来代替孩子，就会使孩子丧失学习的机会，随着年龄的增长，孩子的学习能力就会下降，因此家长的溺爱会让孩子在日后的学习中付出更多的力气。所以家长不要因为一时心疼孩子而过分溺爱，干扰孩子正常的身心发展。

蒙台梭利在总结教育经验后对家长们提出这样的建议：第一，应该孩子自己做的事，坚决让孩子自己完成。家长不能够替代孩子走向成熟，因此要让孩子学习自己变得独立。家长应该从日常生活中的小事做起，不应该事无巨细地为孩子做好。第二，家长要让孩子学会自己思考解决问题。父母的溺爱还会影响孩子独立思考的能力，这一点危害更大。因此家长要学会让孩子独立思考，做一个有主见的人。在生活中与孩子多用商量的口吻而非命令来解决问题，与孩子平等沟通，为孩子出谋划策，而非替孩子做主。第三，对孩子给予信任。很多家长之所以会替孩子包办一切，很大程度上是自己觉得孩子没有能力完成，必须由自己帮助。在帮助的过程中，由于家长的不耐烦或者无意之举就变成了替孩子完成。因此蒙台梭利认为，家长要相信孩子具有独立的能力，家长要给予孩子机会去锻炼、去证明。同时家长的信任对培养孩子的自信心和自尊心有很大的帮助，都能帮助孩子更快走向独立。正如蒙台梭利所说的："我们给予儿童自由和独立，就像我们给予了一个早已对活动做好充足准备的创造者以自由和独立。"

蒙氏早教心经：

父母对于孩子的爱是无私的。孩子在幼儿时期，父母出于希望孩子开心的角度来事事满足孩子，这反而会对孩子的成长产生不良的影响。

父母要学会理智地爱孩子，从小培养孩子的独立性。过分溺爱孩子，到最后孩子和父母都要受到伤害。

孩子在成长到一定阶段的时候就会产生独立意识，父母不要因为孩子小、不够独立就继续替孩子安排人生。相信孩子，给孩子机会去锻炼，父母会发现孩子会成长得更好。

当好孩子人生路上的引路人

每一个生命都是一个独立的个体。年幼的孩子也将最终成长为一个强大且独立的生命走向自己的生活。蒙台梭利认为，父母在孩子的生命中扮演的角色应该是一个引路人，在孩子的生活中，引导孩子学会各项生活技能，使孩子逐渐变得独立、强大。

孩子的各种学习始于好奇。天性使得孩子对周围的世界总是充满探索的欲望，在生活中，我们时常可以看到幼儿期的孩子对一把椅子好奇不已，翻来覆去摆弄着，并学习使用它。看到一盆植物，孩子也会忍不住观察它、触碰它，逐渐地接近并且试图了解它。在孩子进行着种种探索行为的时候，家长的引导就尤为重要。

随着年龄的增长，妈妈发现孩子变得越来越好动，比如吃饭的时候喜欢抓过妈妈喂饭的勺子，然后自己学着妈妈的样子舀饭往嘴里送，但是因为自己的操作不熟练，饭粒经常没有送进嘴里而是倒在了衣服上和桌子上。喂饭的妈妈这个时候都会一边擦掉孩子倒出来的饭粒，一边拿走孩子手里的饭勺。而孩子在如此反复了几次之后，依然不知道手里的东西叫什么，以及如何正确使用它。这个时候父母不要因为将食物倾洒得到处都是而责骂孩子，也不要拿走孩子手中的勺子，孩子正在自发地进行模仿学习，给孩子一点儿耐心，经过几次的模仿练习，孩子很快就会掌握勺子的使用方法。

孩子在玩耍的时候看到阳台上的植物长了一个小花苞。出于好奇他向含苞待放的花苞伸出了小手，但是他用力过猛，小花苞从枝头落到了他的手心里。妈妈看到后，对孩子发出了斥责的声音："怎么这么不小心？刚长出的新枝就被你给毁了！过来！不许再到那边玩！"说罢，就拉着孩子离开了阳台。很多父母看到这种情况都会指责孩子，其实孩子并不是故意的，如果父母遇到这种情况，可以试着给孩子讲道理，告诉孩子要爱护花草树木，或者用孩子的思维告诉孩子，花苞被扯下来植物会疼等，培养孩子的爱心。

其实在生活中，家长们在大多数情况下都像上述两种情况中的家长一样，在有意或者无意之中，要么在"好心帮助"之时剥夺了孩子原本可以获得生活技能的机会，要么粗暴打断孩子的学习。蒙台梭利认为，生活中的每一种工具、每一个地点其实都是孩子学习独立的教室。当孩子对一种东西产生兴趣时，家长要做的是及时引导和帮助孩子认识它并且学会使用它，同时还能够举一反三，对与之相关的物品都能够同时学会使用，这样才能逐步加强孩子的独立能力。比如孩子对勺子产生兴趣时，家长应该教孩子使用技巧，并且能够由勺子引申到碗、筷子等各种食具的使用方法，于是孩子由一个勺子开始，了解了独立进食的技巧，掌握了最基本也是最重要的生活技能。当孩子对一盆植物产生兴趣时，即使孩子失手伤害了家里的植物，家长也要注意不能用严厉、直接的批评和阻止来教育孩子，这样容易导致孩子因为害怕而失去对事物的好奇心，对家长的教育和引导也会产生抵触等消极情绪，这对孩子独立性的培养是很不利的。在这个时候，家长更应该做好引路人的角色，帮助孩子认识和了解一种植物，教孩子如何照顾一个生命，为它们浇水、施肥，学会使用各种简单工具。

当然，在学习的过程中，家长要有耐心，给孩子充足的练习机会和时间，保证孩子能够掌握技能，学会独立。孩子毕竟年纪小，很多对于大人来说轻而易举的事情，孩子可能需要摸索很久，这个时候父母要有充足的耐心教导孩子，让孩子掌握技巧。

在如今的蒙台梭利早教体系中，按照她的教育理念，老师们会用一些专门根据孩子的使用能力设计的家具和日常生活中使用的工具来启发和引导孩子学习生活技能，例如小椅子、小桌子，这些东西往往轻巧美观，对孩子来说非常有吸引力。如果孩子看到小椅子弄脏了，就引导他用清水和抹布把它擦洗干净，在这个过程中，孩子也同时学会了擦桌子、擦自己的鞋子等，意识到"清洁"这个词语的含义。引申到生活中，孩子便对"做家务""干净"等词语有了认识。渐渐地孩子就能掌握多种工具的使用技巧，独立性也会慢慢增强。

除了教会孩子生活中的独立技能，家长还要重视对孩子进行情绪上的引导。比如发现孩子因为打破花瓶而情绪低落时，有的家长会迫不及待地对孩子的情绪进行"干预"，这种干预有时候甚至会带有强迫性，比如指责孩子"为什么又哭了""不许哭"等。这种做法其实是很不合理的。蒙台梭利告诉我们，这个时候家长最好用沉默和安静来给孩子空间和时间，学会反思，让孩子能够"吃一堑长一智"。因为对孩子来说，能够认识到自己犯的错和感受到这种错误带来的后果——失去心爱之物的悲伤就是最大、最有用的惩罚了，这比家长的指责要更为深刻。

蒙氏早教心经：

　　孩子在幼儿时期，会对身边的事物产生极大的好奇心，喜欢通过触摸或是品尝来了解事物，父母此时要对孩子进行正确的引导。满足孩子好奇心的同时也要注意安全。

　　孩子在了解某件事物以后，父母要帮助孩子延伸，比如接触到筷子后，父母可以为孩子延伸出筷子的使用等，培养孩子举一反三的能力。

　　父母不仅要帮助孩子学会生活技能，还要帮助孩子学会情绪上的疏解。孩子如果做错了事情，父母不要立刻指责孩子。让孩子学会反思，这样更有意义。

第四章

在生活中锻炼孩子的意志力

为孩子提供锻炼意志的空间

意志是一种为实现目标坚持并自觉支配行为的心理过程。较强的意志力是孩子的必备素质之一。蒙台梭利认为，儿童意志的发展关系到他们人格的形成，能够帮助他们逐步摆脱对他人的依赖，也能为他们实现理想保驾护航。

孩子的心智尚在发育中，不成熟的他们很容易产生冲动、怯懦的心理，这些都可能会导致他们在做事过程中容易产生遇到困难就放弃的想法。这便是缺乏意志力的表现。

一位叫华华的小男孩，3岁的他近来对写字很感兴趣，妈妈便决定教他练字，约定每天练习一小时。为此，妈妈特意买来字帖。刚开始的几天华华表现得还不错，但是还没坚持几天，他便失去了兴趣，感觉练字很是枯燥，想要放弃。妈妈认为华华这是没有意志力的表现。为了提高华华的意志力，妈妈对他提出了更严格的要求，不但延长了他每天的练字时间，还不允许他出去和其他小朋友玩，想要一次让华华增强意志力。然而，画画的意志力不但没有增强，反而越来越没有耐心。

在很多家长看来，意志就是指对孩子有一定的约束，牺牲自由来坚持完成任务。这种认识导致家长在培养孩子的意志力时，经常会给孩子布置一些强制性的任务，甚至要求孩子牺牲自由时间。这对孩子的成长是不利的。其实，在孩子的意志力形成过程中，自由有着极为重要的作用。蒙台梭利指出，通过自由活动，孩子对于社会习惯有一定的接触和了解，为意志的形成和发展奠定基础。自由，是意志成长的土壤和条件。

通常，孩子从2岁半起就步入了社会规范敏感期。这个时期的孩子对社会活动充满好奇，渴望接触更多的人和物。这时，家长应对孩子的好奇予以鼓励和支持，给他们一定的自由去接触社会活动。比如让孩子认识更多的人，鼓励孩子与其他儿童一起玩游戏，让孩子"旁观"别人的工作，或是送孩子入幼儿园。在此过程中，孩子通过观察、体验，意识到一定的社会规则，同时对实现目标的过程也有了新的体验。他们会懂得尊重别人的工作，逐渐学会等待，学习克服做事过程中的障碍。总之，这样有助于孩子为接受社会生活习惯做好准备。家长会发现，孩子开始努力抑制克服踢桌子的冲动，或是小心翼翼，避免打扰正在忙碌的他人，这些都是他们的意志得到锻炼和增强的表现，他们在努力使冲动和决心达到一种平衡状态。

蒙台梭利认为，每个孩子都有巨大的潜力，强大的意志力也属于潜能之一。只有让孩子的行动得到解放，他们的潜力才能得到开发和发展。从这个角度来看，不仅是自由活动，自由运动同样可以让孩子的意志力得到训练。

孩子有一种天性，喜欢掌控自己的肢体活动，希望自由运用运动器官。我们常常可以看到，即使不会说话的孩子，也常常有一些四肢运动、舒展的动作。如果家长在此时对他们过多抑制，不仅难以使他们的运动能力得到开发，也不利于他们增长智慧。

因此，家长应给予孩子运动的自由，让他们试着做些运动和练习。两岁多的孩子已经开始练习走路，家长可以陪他们做些游戏，如引导他们走得更稳、更快，教孩子寻找物品，教孩子学说话甚至是唱歌，引导孩子挥手。这些不但能够锻炼孩子的身体素质，也为意志的发展奠定了生理基础。比如孩子在学走路的过程中，他们可能会发现学走路有些累，不如坐着、躺着舒适，但同时他们内心又期望尽快学会走路，接触更多的事物和更广阔的世界。这种期望会促使他们抑制放弃的冲动，坚持练习。家长此时就应放开双手，让他们在自由运动中训练意志力。

蒙氏早教心经：

1. 意志力关系到孩子的人格培养，较强的意志力是必备素质；

2. 意志并不等于约束，家长应给孩子一定程度的自由；

3. 自由的运动、活动能让孩子的天性释放，潜能被激发，有利于意志力的培养；

4. 家长要勇于放手，给孩子成长的自由。

不直接干涉孩子的行为

服从，是训练意志必须提到的问题。在很多人看来，服从与意志处于对立状态，尤其是一些家长，在生活中总是要求孩子服从自己，企图用自己的意志代替孩子的意志。长期如此，孩子的意志难以得到发展。

小颖今年刚刚3岁，生性活泼可爱，总是蹦蹦跳跳。小颖对舞蹈很感兴趣，经常学着电视上的舞蹈扭来扭去，她很希望父母能送她到专业的舞蹈培训班，这样她就可以穿上漂亮的舞蹈服，跳美丽的舞蹈。然而，一向对小颖要求严格的父亲却不同意小颖去学跳舞。在他看来，学习舞蹈是在浪费时间，对小颖将来的学业并没有什么帮助。他不但拒绝了小颖的请求，还决定让小颖提前进入学习状态，每天都会给小颖布置很多任务，让她学算术、背古诗，很少允许她到外面玩。刚开始时小颖还会以发脾气的方式对爸爸表示抗议，但这并没有什么效果。久而久之，小颖接受了父亲的安排。不仅如此，她在其他事情上也不再对父母的安排有什么异议，而是直接服从，失去了自己的意志。

当孩子的意见与自己不同时，小颖的父亲选择了直接干涉，让小颖无条件服从自己的意志，按照自己的安排生活。这样的做法不利于小颖意志的培养，往往会将孩子刚刚萌生的主见和意志力扼杀在摇篮中。

蒙台梭利认为，1岁半至3岁的孩子开始产生自我意识。这个时期的孩子开始有了"界限"的概念，会试着区分"你的""我的"，有时还会用"不"来表达自己的意见和感觉。这个时期是孩子成长的关键期，关系到他们自我的形成。如果意志力得到了训练和发展，孩子就能形成较为强大的人格。

因此，家长要利用孩子的自我意识敏感期，训练孩子的意志力。正确认识服从，并处理好服从与意志的关系。

雯雯是个可爱漂亮的小女孩，很多认识她的人都会这么夸她。但是有一次在学校，课间休息时雯雯在外面玩，教室里的几个女同学在一起聊天。后来，雯雯进教室拿东西，刚推开门就听到一个女孩说："我觉得我们班最漂亮的是雯雯。"这时，另外一个女孩说："我不这么认为，我觉得她留的长发不好看，而且皮肤也不够白。"这话被雯雯听个一清二楚，她心想，凭什么说我的长头发不好看，你的短发才难看呢，像个男孩。从那以后，雯雯就牢牢记住了这件事，总是想办法挑那个女同学的缺点和错误，想找机会"报复"她。后来，雯雯的妈妈知道了此事，她虽然很想帮女儿解决这件事情，但觉得女儿以后还会经历更多这样的事情，如果她不学会如何依靠自己的意志力来解决问题，那么她就永远也长不大。于是，妈妈一边有意识增加和孩子的沟通，一边引导其面对问题时寻找多种应对方式，经过一段时间的教育，雯雯的意志力有了很大的提高。

有一次，爸妈和她一起去游乐场玩，她在玩套玩偶游戏时，被旁边的一个男孩干扰推搡，屡屡不中，要是在以前她就会大哭起来，这次，雯雯却对着小男孩说："你做得不对，我很生气。"然后就去玩别的了，自己不生气了，小男孩倒是被吓跑了。看到雯雯这么恰当地处理事情，爸妈放心了许多。

家长应该明白，一味要求孩子服从并不利于孩子意志力的培养，可能导致他们更为严重的叛逆，或是使孩子失去主见和意志，不敢再表达自己的意见。但同时家长也应意识到，孩子的心智不成熟，有时容易冲动，有时则会在好奇心的驱使下看到什么都想摸一摸、碰一碰，甚至可能会给他人带来麻烦。对于这样的状况，家长就应对孩子做出约束和管教，让他们服从自己。

那么，家长应如何处理服从与意志的关系，把握好分寸以使孩子的意志力得到发展呢？

对此，蒙台梭利指出，关键是要避免简单粗暴的直接干涉，从而避免因要求孩子服从而导致孩子的意志力得不到训练的问题。处于心理发展萌芽期的儿童，内心里既有"冲动"又有"抑制"，这时的他们尚不能用意志控制自己。不过，对于这时的孩子来说，意志在他们的潜意识里起着支持作用，他们利用这一点得以发展自我。孩子的一些动作，如触摸一些物件，喜欢蹦蹦跳跳，既是接触世界的表现，也是意志在发展。如果这时家长粗暴打断、呵斥他们，幼小的心灵受到冲击，尚处于软弱期的意志仿佛受到禁锢，难以得到训练。

因此，当发现孩子有意志、自我发展的表现时，家长不必急于反对，可以先给他们接触世界的自由。如果孩子的行为可能影响到他人或是对成长并无益处，家长也不要采取直接干涉的方式，如粗暴地责备孩子，怪孩子"不乖""淘气"，可以给他们讲些简单的道理，让他们意识到这样做可能有哪些不良后果，使他们明白不能这样做的原因，而不是强行改变他们的意志。

总之，蒙台梭利认为，面对孩子意志力的发展，不要直接干涉他们的行为，用家长的意志取代孩子的意志，这是在给孩子的自我成长设置障碍。家长应为孩子提供意志力发展的环境，扫除障碍，需要干涉时要注意方式方法，简单粗暴的态度和做法是不可取的。只有通过恰当的方式"说服"孩子，才能将他们从禁锢中解放出来，使他们的个性和意志力得以发展。

蒙氏早教心经：

1. 意志与服从并非简单的对立关系；
2. 一味强制性要求孩子服从，对孩子的成长不利；
3. 孩子的意志存在于他们的潜意识里，家长最好不要粗暴地干涉他们；
4. 不要用家长的意志代替孩子的意志，用引导取代直接干涉。

意志与目的统一的培养更有效

在多年的研究过程中，蒙台梭利发现，在一些家长心目中，孩子的意志似乎就是不服管束，甚至带有冲动、暴力的倾向。对此，蒙台梭利指出，这种看法表明很多家长并没有正确认识孩子的意志。

对于成年人来说，绝大部分行为都是在为自己的意志服务。也就是说，自愿行为是在为实现自己的目标服务。同样地，孩子的一些行为反映出他们的意志，他们的意志并不是混乱的，而是有一定的目的。婴儿时期，孩子的很多行为可能只是出于本能，他们并未意识到这样做对他们有什么作用或利益。然而，随着孩子的成长，他们逐渐产生了自我意识，对意志背后的原因也有了模糊的感觉。

比如，1岁左右的孩子开始想要走路，在这种念头的驱使下，他们会尝试着站起来，扶着东西向前走。即使摔倒，他们通常也不会放弃，因为他们希望自己学会走路，并自如地利用这种能力。蒙台梭利指出，家长可以利用这一点，通过培养孩子的目的意识，使孩子的意志成为有目的、有意识的自觉，从而使他们的意志力得到发展。

孩子想要做一件事，有了目标和目的，意味着这件事能带给他们快乐。在这种意识下去做事，他们更容易坚持下去，更有动力去克服障碍。儿童的心理发展尚未定型，这导致他们的行为并不总是与内心愿望相符合，也就是意志力并不强。如果家长能强化他们的目的性，使他们意识到，自己的坚持和勇敢是为了达到自己的愿望，是对自己有利的，从而训练他们的意志力。

亮亮今年3岁，是个喜欢听故事的小朋友。几乎从婴儿时期开始，妈妈就开始每天给他讲故事，童话、寓言，亮亮都听了不少。听故事时亮亮总是很开心，他觉得那些故事很有趣。所以，亮亮经常缠着父母给他讲故事。可是父母的工作比较忙，没有多少时间给他讲故事。于是，亮亮决定认字，然后自己去读故事书。

亮亮的想法得到了妈妈的支持，她觉得这样一来对亮亮的学习和成长都有好处。妈妈很快便给亮亮买来字典和故事书，每天抽时间教亮亮认字。刚开始的几天亮亮还兴趣满满，但很快亮亮就发现，认字并不像他想得那么简单，明明他已经背下不少字，但读故事书时还是磕磕绊绊，总会发现不少不认识的字。这让他有些气馁，便告诉妈妈自己不想学认字了。

听了亮亮的话，妈妈对他说："亮亮，别忘了你为什么想学练字——是为了看更多的故事书啊。你想想，你认识的字越多，可以看的故事就越多，而且不用再依赖别人，多好啊！现在可能你会觉得枯燥，不过等到你把这些字都认识了，那你就能看很多很多故事书了。"

妈妈的话让亮亮顿时充满动力。他多么渴望读更多的故事啊！他越来越努力地认字，很少抱怨，也没有再放弃。

亮亮的妈妈通过让亮亮的目标更加明确，使他意识到了认字的好处，自己有了"盼头",也就拿出更多的勇气、毅力来认字,意志力也得到增强。

蒙台梭利鼓励家长采用这种目标导向法来训练孩子的意志,尤其是处于自我意识发育敏感期的孩子,这样的方式会对他们的心理发育产生影响,使他们更容易使自己的意志与愿望相符,这样的孩子意志力更强,更会拿出不屈不挠的力量完成自己的目标,为成功奠定基础。

因此,家长应努力培养孩子的目的意识,并使它们的目标更加明确。首先,要判断孩子的目标是否切合实际,比如在他们的能力范围之内时间是否充足等。如果不符合实际,就要提醒他们,以免他们因此受到挫折而打击积极性;其次,家长可以教孩子将目标分成长期目标和短期目标,使他们的"盼头"清晰可见,他们也就更有动力和毅力。当孩子产生放弃心理时,要提醒他们,别忘了最初的目标,坚持是为了达到自己内心的愿望。也可以利用孩子的兴趣来引导他们坚持,比如对于学习走路的孩子,在他们周围放置他们喜欢的食物,引导他们走过去等。这样一来,孩子的意志力便得到训练。

蒙氏早教心经:

1.要正确认识孩子的意志,他们的意志并非全部混乱、具有破坏性;

2.用目标导向法训练孩子的意志力,使其意志与目的一致;

3.强化孩子的目的意识,教他们判断目标的可行性,目标较难时分段完成,增强意志力。

意志力训练,分段进行更有效

意志力是潜藏于儿童内心的力量,这种品质随着儿童自我的发展而成长。而儿童的发展具有阶段性,也就是说,针对儿童的意志力训练也要分阶段进行。蒙台梭利曾经指出,成长是一个不断再生的过程。心理学研究表明,儿童在不同阶段具有不同的成长特点,其中的变化是非常明显的。当一个心理个性阶段结束时,另一个阶段便随之而来。

因此,对儿童意志力的训练也应分阶段进行,这样才能契合他们的成长特点，训练意志力达到事半功倍的效果。如果给孩子布置的意志训练任务在强度或难度上超过了他们本身的能力，则很容易导致他们产生挫败感。也可能训练任务对他们来说过于简单，达不到磨炼意志力的目的。

> 乐乐今年3岁了，是个机灵活泼的小家伙。平时总是蹦蹦跳跳，很难安静下来。乐乐的爸爸对他寄予很大的期望，对他的要求也比较严格。爸爸决定训练乐乐的意志力。于是，他给乐乐布置了一些任务，比如每天抽出1小时背诵古诗词。除此之外，爸爸还要求乐乐看电视、吃饭时都要保持安静，不要总是动个不停或叽叽喳喳。
>
> 然而，乐乐毕竟只是一个3岁的孩子，他认识的字本来就不多，现在每天还要背诵古诗词，这让他觉得很枯燥，很难坚持。再加上他性格本就活泼好动，看电视时总会与别人讨论，看到尽兴处还会笑出声，吃饭时也总会好奇地问父母一些问题。总之，爸爸的要求他并没有做到。这让爸爸很生气，他总是批评乐乐的表现不好，意志力太差。

上例中，乐乐的爸爸为了训练他的意志力，给他布置了不少任务。然而，有些任务或要求已经超过了乐乐的能力范围，他一时还不能做到，意志力也没得到训练。

对孩子意志力的训练，要与他们身体、心理的成长和发展契合。根据蒙台梭利对儿童成长的划分阶段，家长可参考以下安排对孩子进行意志力训练。

第一阶段，6~12个月。这是孩子手臂发育的敏感期，这个阶段的孩子喜欢扔东西，手眼协调能力也在发育。家长可以以此训练孩子的意志力，比如让孩子将物件扔到指定位置，而且要反复训练。

第二阶段，1~2岁。这是孩子大肌肉发育的敏感期，这个阶段的他们开始尝试站立、走路。家长可以在保证安全的前提下，努力让孩子多站、多走，比如每天完成一定的走路量后给他们奖励，既锻炼了他们的行走能力，又提高了他们的意志力。

第三阶段，1岁半~2岁半。这是孩子的语言敏感期，这个阶段的他们叽叽喳喳，开始学习语言。家长在此时可教他们对着口形学说话，尽可能让他们多听、多读，这样可以训练意志力。

第四阶段，1岁半～3岁。这是孩子自我意识的敏感期，这时的他们开始产生自我意识，对自己的意志有了一定的意识，开始明白自己的意愿是什么。这时家长可以给他们布置一些任务，制造一些障碍，在他们难以坚持时用他们的目标给予鼓励，训练意志力。

第五阶段，3～4岁。这是孩子空间、色彩的敏感期，这时的他们尤其喜欢积木等游戏，家长可以买些积木模型，让孩子完成，以此达到训练意志力的目的。也可以通过训练孩子的绘画能力来提高他们的意志力，因为绘画需要专注。此外，3岁左右的孩子对剪、贴、涂等需要动手的项目也比较感兴趣，家长可以为他们提供充分的材料，让他们做些手工活，同时使他们更加专注、细心、坚持，提高意志力。

此外，家长也要注意，即使是同一阶段的意志力训练，也要再分阶段进行。布置的任务要由少至多，要求要由易至难，不能急于求成。比较繁杂的任务最好能给孩子分成若干个，使他们每一时期的目标都明确，从而更容易坚持下来。不仅如此，对于孩子的反抗行为，父母既不能一味满足，又不能给予过多的限制。一味地满足容易导致孩子变得任性、执拗，过多的限制则会导致孩子变得缺乏自信，意志力同样得不到发展。

蒙氏早教心经：

1. 意志力是孩子的潜能之一，这种能力随他们的成长而发展；
2. 给孩子布置的意志力训练任务不能超出他们的能力范围；
3. 根据孩子的发育敏感期分段，逐步培养孩子的意志力；
4. 同一阶段的训练任务也要分段进行，任务要由少至多，由易至难。

不要忽视重复做事的力量

在训练孩子的意志力的过程中，很多家长都存在这样一个误区：意志力增强就是能完成更难的任务。他们没有意识到，反复做事是训练意志力的有效方法。

美美是个3岁的小女孩。最近，她似乎喜欢上了搭积木。在她的请求下，妈妈给她买了一个宫殿积木模型。这座宫殿比较高，要想完整地搭起来需要花费不少精力和时间。妈妈以为美美是一时兴起，估计不等宫殿搭起来她就失去兴趣和耐心了。

令妈妈没想到的是，从买上积木开始，美美一有时间就安静地坐在房间的角落里，认真地搭积木。她一次又一次地重复那单调的动作，小心翼翼地把每一块积木累积起来。在这个过程中，美美只是面无表情地重复搭积木的动作，有时妈妈喊她好几次她才会注意到。

妈妈认为这样的过程毫无意义。在她看来，重复只是在浪费时间。于是，妈妈试图以别的事情来分散美美的注意力，比如给她讲故事等，但美美对其他事并不感兴趣，一心想完成自己的积木。无可奈何的妈妈只好由着美美。

一段时间后，妈妈发现美美似乎变了。以前的美美做事时总是三分钟热度，不但不专心，过一段时间就会放弃。可是如今的美美竟然可以坚持，甚至遇到困难也会努力去克服。妈妈没想到，被她看作无聊的重复过程，竟然提高了美美的意志力。

很多家长都与上例中的美美妈妈一样，认为重复做事是没有意义的。比如，很多孩子都经历过重复听故事的阶段。有些家长认为这样做没有意义，其实不然。孩子在重复听故事的过程中，不但逐渐掌握了故事中的词句，积累了一定的语言经验，使语言潜能得到激发，而且意志力也会得到提高。

此外，还有些家长则认为，重复是一件苦差事，担心孩子没有这样的耐力。其实，这种担心并没有必要，因为年龄越小的儿童越喜欢重复地做一件事，遇到他们感兴趣的事时更是如此。

对于儿童来说，重复做事是一种有效的训练方法。蒙台梭利称此为重复练习现象，她认为在训练儿童的意志力的过程中，重复做事是必然要采取的。通过多年的研究，蒙台梭利发现，在意志的发展过程中，第一阶段便是重复练习。

蒙台梭利曾说，反复操作是儿童的智力体操。一些孩子在玩玩具时总是重复进行，如上例中的美美，还有的孩子会反复读一本书，听同一个故事，这在父母看来可能不算什么，有时甚至会认为孩子在浪费时间，但在这样的重复过程中，儿童却能够获得力量和满足感。更为重要的是，当儿童重复一种活动的时候，那时的他们已经使自己的注意力高度集中于一件事，这样他们的内心能够获得一种力量，这种力量能帮助他们控制自己的行为，即自制力。在这个过程中，儿童逐渐形成了自制和自觉的能力，他们的意志力也得到发展。

因此，对于孩子的重复行为，家长不必急于干涉，大可让孩子沉浸在他们的世界中，跟着自己的节奏，慢慢训练意志力，增强自制力。

家长还可以主动给孩子布置一些可以让他们重复做事的练习任务，提高他们的意志力。当然，孩子的兴趣是主导因素。一件事，孩子越是感兴趣，重复的可能性就越大。因此，家长布置重复任务时，要综合考虑孩子的能力和兴趣。

在生活中，可以让儿童感兴趣的重复项目有很多，比如把瓶盖拧下来再盖上，把玩具反复地拆开、重装，把积木堆好后再推倒重堆等。这些项目难度不大，孩子容易完成，驾轻就熟的感觉可以让他们产生成就感，获得信心和动力，意志力逐渐得到提高。家长可以参考这些项目，经常用重复做事来激发孩子的潜能，使他们更有耐心和恒心，更好地发展意志力。

蒙氏早教心经：

1. 意志力并非仅仅让孩子做更难的事，重复做事也需要意志力；
2. 反复操作是孩子的智力体操，意志力可以在此过程中得到提高；
3. 不要干涉孩子的重复行为；
4. 给孩子布置让他们重复的任务；
5. 重复做事，从最简单的任务开始。

提高孩子意志力不能急于求成

在训练孩子的意志力的过程中，或是急于求成，或是孩子的表现不尽如人意，一些家长便会着急，甚至会发怒、训斥孩子。殊不知，这样做对增强孩子的意志力有害无益。

　　3岁的洋洋是个可爱的男孩子，活泼机灵。像很多孩子一样，洋洋做事有些"三分钟热度"，不管多感兴趣的事，热情劲一过，或是遇到一点儿麻烦，他便会将这些事放在一旁，总是轻易放弃，很少有坚持完成的时候。

　　为了让洋洋的意志力得到提高，爸爸决定对他进行训练。爸爸想起洋洋之前曾经想学游泳，于是对洋洋说："洋洋，你不是说想学游泳吗，那爸爸教你吧。"

　　洋洋一听可以学游泳，马上惊喜地跳了起来。当天他就跟爸爸来到泳池边开始学。令洋洋没想到的是，原来游泳并不像他想的那么简单，要学很多基本功。单就练习在水上漂浮这一个任务，洋洋就遇到了困难。不知是由于害怕还是什么原因，他总是做不好。一段时间后，洋洋有些想放弃了。爸爸也开始着急起来，看到洋洋练习的效果不理想，他狠狠地批评了洋洋，还说自己对洋洋没那么多耐心。没过多久，爸爸就放弃了通过练习游泳来训练洋洋的意志力的计划。

　　后来爸爸也想过其他方法，比如让洋洋学习素描、练习书法等，但每次都是用不了多长时间就对洋洋失去信心和耐心，训斥洋洋一顿后放弃。爸爸的表现也让洋洋的耐心越来越差，意志力不但没有得到提高，做事反而变得比以前更加轻易放弃。

　　上例中，洋洋的父亲本来打算通过教洋洋学习游泳、素描、书法等方式来使洋洋懂得坚持，从而提高意志力，结果反而由于自己缺乏耐心导致洋洋变得更加容易放弃，意志力没有得到提高。

　　在生活中，很多家长都有类似的体验。为了训练孩子的意志力，便给他们布置一些任务，却很快失去对孩子的耐心，训斥孩子，给孩子造成负面影响，这样做不但没有达到训练意志力的目标，反而适得其反。

　　蒙台梭利认为，儿童的成长过程中，尤其是1～3岁，具有一种下意识的感受力，会积极获取外界的信息和影响，成为其心理的一部分。她将这种心理称为"吸收性心智"。蒙台梭利指出，吸收性心智对儿童的成长有不可忽视的影响。也就是说，儿童所接触到的环境，父母的行为模式，都会影响到他们心智的成长。意志力也不意外。蒙台梭利的研究发现，父母对儿童的发怒和傲慢，会导致儿童形成胆小、唯唯诺诺、依赖他人、没有主见的性格，影响意志的形成和发展。因此，她指出："我们必须抑制可能会阻碍我们理解儿童的那种成年人所持有的思想观念"。

正是由于以上原因，蒙台梭利一直强调父母、教师的专业性对儿童成长的影响。在训练孩子的意志力的过程中，家长要时刻意识到，自己的行为对孩子有引导作用。如果自己做不到，孩子很难获得正面引导。

因此，当通过各种方式训练孩子的意志力时，父母本身也要具备相当强的自制力。首先要做的就是对孩子要充满信心和耐心。有些事情孩子可能一时做不到，或是做得不够好，家长要控制好自己的情绪，不要用强硬的说辞训斥孩子，更不能发怒。要鼓励孩子，让孩子感受到父母的信任和支持。父母的耐心也会为孩子树立榜样，让他们学会坚持，不会由于感觉无趣就轻易半途而废。

其次，父母还要为孩子树立知难而上、勇于战胜困难的榜样。成长过程中的儿童能力有限，做事的过程中可能会遇到各种各样的阻碍，这时的他们很容易放弃。这就需要父母为他们树立榜样，引导他们勇于迎接挑战。父母可以给孩子讲讲自己所经历过的事情，告诉他们自己在遇到困难时是怎样做的，向他们传达勇于战胜困难的信念；也可以在孩子面前来场"表演"，让他们亲眼见识到父母战胜困难。父母还可以与孩子一起做同样的事，面对面教孩子怎样战胜挫折。这样一来，父母树立的榜样便能给孩子动力和引导，他们也会试着与挫折搏斗，内心的意志力会被激发，并在完成任务的过程中得以发展。

蒙氏早教心经：

1.急于求成、对孩子缺乏耐心，不利于培养孩子的意志力；

2.父母的行为对孩子有引导性；

3.要对孩子充满信心和耐心，不能对孩子发怒，要多鼓励；

4.为孩子树立知难而上、战胜困难的榜样，激发孩子内心的意志力。

竞争，让孩子更有动力坚持

在训练孩子的意志力的过程中，家长可以用竞争的方式激励孩子，给孩子更多动力，让他们更容易坚持，从而发展意志力。

西西是个5岁的小男孩。他性格比较内向，遇到困难时也比较脆弱，很容易放弃。为此，父母曾想过不少办法帮助他提高意志力。

冬天到了，爸爸想到冬泳对提高意志力很有用。他决定用这种方式来让西西更坚毅。一听爸爸说要去冬泳，西西就好像打了一个冷战，他连忙摇摇头，说自己不想去，怕冷。爸爸只好继续劝说，并向西西保证，自己会一直陪着他，一旦西西坚持不住，两人就上岸。西西这才答应跟爸爸去。

一到泳池中，西西就有点想放弃了。冬天本来就冷，更何况他还泡在水里。西西对爸爸说，水里太冷了，自己要上岸去。爸爸并没有直接制止，而是对他说："西西，不如这样吧，我们来个比赛，看谁在五分钟内游得多。"说完，爸爸便向远处游去。

西西本想拒绝，但看到爸爸好像很在意这次比赛，便决定跟爸爸比一次，也开始游泳。虽然西西很努力地游泳，但还是不如爸爸游得多，输给了爸爸。不过，西西并不服气。于是，爸爸提议再来一次比赛。这下西西觉得证明自己的机会到了，他更加努力地游起来，竟然赢了爸爸。这让他更有信心了，主动要求再次比赛。一段时间后，西西已经适应了冬天的水温，在泳池里畅快地游了起来。

从那以后，爸爸经常通过与西西展开竞争的方式鼓励他坚持下去。爸爸还告诉西西，不管是什么时候，意志力强的人更容易获得成功。在爸爸的激励下，西西的意志力得到了明显的提高，再没有过遇到一点儿困难就放弃的情况。

为了训练西西的意志力，爸爸通过与他展开竞争的方式激发了他的斗志，使他有动力去战胜困难，成为一个更加坚毅的人。

蒙台梭利指出，孩子在2岁左右便会步入自我意识的敏感期，这时的孩子开始分清自我与他人的界限，有了"我"的概念。如果在这时与孩子进行比赛，展开竞争，在自我意识的趋势下，孩子会有赢的期望和意愿，会更有动力和勇气战胜挫折，也不会因为觉得无趣就轻易放弃。

蒙台梭利认为，2岁半到4岁，是孩子的社会规范敏感期。这个时期的他们对于社会活动和规则充满好奇心。他们开始喜欢结交朋友并参与群体活动，对一些日常规范充满兴趣。家长可以在这个阶段给孩子讲讲竞争的概念和意义。家长要告诉孩子，在未来社会中，竞争将是获得认可、实现价值的重要手段。要想在竞争中脱颖而出，就必须使自己具有强大的实力，而意志力便是重要的实力之一。孩子意识到这一点，遇事便不会再轻易放弃，意志力才能得到一定的提高。

此外，蒙台梭利还指出，6~7岁是孩子的社会性兴趣发展的敏感期。这个时期的他们已经对社会规则有所了解，他们开始形成合作、竞争意识，乐于参与到社会性的活动中，比如选举班长、监督谁吃饭前没有洗手、看哪个孩子没有遵守幼儿园的规则等，他们还喜欢与他人展开竞争、进行比赛。这时，家长就可以利用他们的竞争兴趣，鼓励他们与其他小朋友展开比赛，比如让孩子参加创新大赛等，最好是一些能够促使孩子独立完成，过程中又会考验孩子的耐心、细心等品质的活动。也可以让孩子与幼儿园的小朋友展开长期竞争，互相监督谁的作业做得更好、谁的日常生活习惯更符合标准。这样一来，孩子的生活习惯也能得到改善。而且这个阶段的孩子不容易放弃，对比赛的兴趣会促使他们坚持下去。久而久之，他们的意志力便会得到良好的发展，也会为以后的成长打好基础。

蒙氏早教心经：

1.竞争给孩子动力，要鼓励他们坚持；

2.孩子步入自我意识的敏感期后，产生"我"与"他人"的概念，有了赢的意愿；

3.在孩子的社会规范敏感期，给他们讲社会规则；

4.在孩子的社会性兴趣发展期，鼓励孩子参与多项社会性活动，比如比赛等。

第五章

纪律训练，
让孩子学会自我管理

在自由的基础上培养孩子的纪律性

在蒙台梭利的思想中，纪律与自由有着密切的关系。她认为纪律与自由是同一事物不可分割的两个方面，培养孩子的纪律性的过程中需要给孩子一定的自由，而自由又需要得到纪律性的约束。不过，一些家长并没有意识到这点，导致他们在培养孩子的纪律性的过程中走入误区。

> 5岁的健健刚上幼儿园。他是一个活泼好动的小家伙，在家时就喜欢跑来跑去，动动这儿，摸摸那儿。
>
> 上幼儿园后，健健依旧如此。他的老师向健健的父母反映，健健在课堂上总是静不下来，喜欢动来动去，很难认真听课；吃饭时也不听话，常常一边吃饭一边与小朋友打闹；午休时还会跟其他小朋友说话，纪律性很差。父母决定培养健健的纪律性。
>
> 为了使健健有纪律性，父母给他增加了很多规定。比如吃饭、看电视时不许说话，看书时不能动，写作业时不能总是停下来。对此，健健很是苦恼，他感觉失去了自由。他变得闷闷不乐，而且总是希望能够突破父母的这些束缚。

上例中，为了培养健健的纪律性，父母限制了他的部分自由，给他增加了很多规定。这让健健感觉受到束缚，反而有了叛逆心理，对他的成长很不利。

在很多家长看来，自由与纪律是相对立的，培养孩子的纪律性就要压抑、限制他们的自由。这种看法是不科学的，在这种看法下去培养孩子的纪律性会压抑他们的自由和天性，对他们的成长不利。

蒙台梭利认为，自由对孩子的发展来说至关重要。但自由并非让孩子随心所欲，而是要让孩子明白哪些事可以做，哪些事不可以做。因此，在自由的同时，孩子需要用纪律性约束自己。而纪律性是一种积极的状态，并不像一些家长想象中的强制性的、被迫的自由。一些家长为了使孩子有纪律性，便限制孩子的活动范围，给他们灌输理念，直接规定他们哪些事不可以做，这并不是真正的纪律。

蒙台梭利倡导，给孩子一定的自由，让孩子在自由的活动中理解纪律，能主动、甘愿接受这些规则并遵守，进而理解相关规则和规定，培养良好的纪律性。蒙台梭利曾在"儿童之家"中观察，她发现如果给孩子一定的自由，让孩子在理解规则的基础上做自己想做的事，并不会引起混乱，孩子能有秩序地取放物品。因此，家长不妨给孩子一个自由、安静的环境，让他们在此过程中逐渐注意自己的言行举止，慢慢养成遵守纪律的好习惯。

在平时的生活中，家长要勇于放手，允许孩子去做一些事，不要给他们过多的限制，要让他们的天性得到自然的表现。过多的限制会导致孩子感到压抑。在家庭生活中，不要给孩子布置过多任务，要让他们有自由活动的时间和环境，让孩子处于安全、放松的环境，让孩子的自我得以发展。

与此同时，家长要在此基础上培养孩子的纪律性。家长要让孩子明白，自由并不意味着随心所欲，想做什么就做什么。自由需要受到抑制，这个抑制就是纪律。家长要告诉孩子，纪律并不是强制性地要求、限制他们的活动，而是为了使他们的效率更高，而且避免他们影响到周围的环境和他人的活动。纪律要让孩子容易理解，而不是灌输要求。

在适当的时候，家长要对孩子的活动进行干预。比如一些孩子在未征得他人的同意时便随意动他人东西，家长应该制止孩子，并给孩子讲明道理，让他们明白不能随意动他人东西；有的孩子喜欢站在凳子上或是拖着凳子跑来跑去，家长也应制止，同时告诉他们，之所以不能这样做，是由于这会影响到他人的活动，而且也会导致孩子自己处于危险当中。

在这种自由又有一定的限制的环境中，孩子逐渐成长，会注意到自己的言行举止。久而久之，他们就会养成遵守纪律的好习惯。而这种纪律性也会给他们动力，使他们有勇气克服困难，享有真正的自由。

蒙氏早教心经：

1.自由与纪律是同一事物的两个方面，培养纪律性需要给孩子自由，自由需要纪律性的约束；

2.纪律性是一种积极的、主动的状态，而非强制性的、被动的；

3.让孩子在自由的活动中理解并接受规则，培养纪律性；

4.勇于放手，不要给孩子设置过多的限制；

5.让孩子理解规则和纪律，而非灌输要求；

6.适当干预。

让孩子通过活动养成纪律性

在蒙台梭利的教育思想中，纪律并不是静态的，它需要在动态中得到发展和强化。因此，蒙台梭利认为孩子的纪律性可以通过工作得到培养。但在日常生活中，很多家长对纪律的认识就是限制的、静态的，这种认识误区不利于培养孩子的纪律性。

琪琪是个6岁的男孩。与别的小朋友相比，他不是一个很听话的孩子，有时会违背父母的要求，这一点让父母有些苦恼。

为了培养琪琪的纪律性，父母决定对他的活动设置限制。比如父母发现琪琪总是喜欢在吃饭时说话，他们便规定琪琪吃饭时不许说话；星期天，琪琪希望能到外面与小朋友一起玩，这也遭到了父母的拒绝，他们要求他在家里看书。这使得琪琪闷闷不乐，他觉得自己没有活动的时间和空间。

渐渐地，父母发现琪琪的纪律性并没有得到培养，反而比之前更加叛逆。父母说什么琪琪都听不进去，甚至会与父母反着来。这让琪琪的父母既生气又失望，他们不知道自己应该怎样做才能培养琪琪的纪律性。

上例中，为了培养琪琪的自律性，父母限制了他的活动，强制性规定他的活动时间和空间，导致琪琪不能做自己想做的事，反而更不听话。这样做不仅不利于纪律性的培养，还导致亲子关系恶化。

生活中，很多家长都有与上例中琪琪父母类似的经历。为了培养孩子的纪律性，家长强制规定他们的活动，不让他们有自由活动的时间。之所以如此，是由于这些家长对纪律性的理解有误。在他们看来，遵守纪律就是让孩子知道哪些事不能做，让他们安静地待着，不要进行活动。

其实，这种看法是错误的。蒙台梭利一直强调，纪律是动态的，而不是让孩子一动不动地待着。蒙台梭利认为，孩子的纪律性必须通过他们的工作、活动得以实现。在蒙台梭利的教育思想中，儿童具有一定的生命潜力，这种潜力可以通过自由活动来表现。幼儿在"工作"中能够塑造自我，逐步成长。这种"工作"是指那些能够让孩子手脑结合，锻炼他们操作能力的活动。这种活动需要家长为孩子提供有准备的环境，使孩子乐在其中，并满足他们在自由、自主上的发展需求。

蒙台梭利曾说，纪律的第一道曙光是从工作中放射出来的。在一个特定的时刻，人们会发现，孩子对一项工作产生了强烈的兴趣，此时的他们注意力高度集中，对于工作表现得坚韧不拔。这时，孩子就已经踏上了通向纪律的道路。她认为工作之所以能培养孩子的纪律性，主要是由于孩子在工作中能够提升自己的协调能力，培养独立性，增强意志力。

因此，家长不妨放手，让孩子进行自己的工作。当然，这种工作不能是强加于孩子的，应是孩子乐于去做的，与他们成长的倾向一致才行。以此作为切入点培养孩子的纪律性，让他们懂得遵守纪律。

家长要允许孩子去进行自己喜欢的活动，不过也要向他们强调规则。比如当孩子与其他小朋友一起活动时，有的孩子会大声交谈。这时，父母就要出面告诉孩子，活动中可以说话，不过要尽量小声，以免影响到其他人。在活动结束后，家长可以对每个孩子遵守规则的状况做出评价。这样做既让孩子完成了喜欢的活动，又向他们强化了规则的概念，让他们在游戏中理解了纪律，从而逐渐培养起纪律意识。

父母应为孩子创造一种有准备的环境，让孩子有时间和空间进行自己喜欢的活动。在孩子进行工作时，父母尽量不要干扰，更不能包办，要让孩子亲力亲为，亲手操作，在此过程中感受、理解纪律。家长的作用只是引导他们，强化纪律的概念。在孩子工作的过程中，家长要认真观察，总结他们在纪律方面的表现，指出他们的不足，使他们养成遵守纪律的好习惯。

蒙氏早教心经：

1. 纪律并非静态，需要在动态中得到发展和强化；
2. 孩子的纪律性必须通过工作和活动得以体现；
3. 当孩子全神贯注工作时，纪律性得到提高；
4. 允许孩子进行自己喜欢的活动，同时强调规则；
5. 为孩子创造有准备的环境，尽量不要干扰孩子的活动。

秩序性是培养孩子纪律的基础

在蒙台梭利的教育思想中，多次提及秩序性，可见蒙台梭利对秩序的重视。蒙台梭利认为，在培养孩子纪律性的过程中，同样要重视秩序性。秩序感的养成是遵守纪律的基础。

妞妞是个4岁的小姑娘。她是家中的独生女，家人都非常宠爱她，很多事都由着她的性子，很少去约束她，即使有时她做得不够好，父母也不忍心说她。渐渐地，妞妞养成了一些不好的习惯。比如总是把玩具和衣服到处扔，不懂得收拾；在幼儿园里的表现跟在家里一样，上课时也大声说笑，动来动去。

有一天，妈妈带妞妞到图书馆。很多人都在安静地看书，只有妞妞在不断地同妈妈说话，问妈妈问题。虽然妈妈已经向她强调过，图书馆里不能大声说话，但妞妞并没有意识到要遵守秩序。这让妈妈意识到了妞妞秩序性的缺乏。她决定培养妞妞的秩序性。

从那以后，妈妈开始向妞妞传达秩序性的概念和重要性。日常生活中，妈妈总是督促妞妞注意秩序，比如玩过玩具后要收拾好，这样家里看起来更整洁；买电影票时妈妈也会告诉妞妞，要排队，这是秩序，否则就会混乱。

渐渐地，妞妞开始有了遵守纪律的意识。不管到哪里，她都会先问妈妈，自己需要遵守哪些纪律和规定。她的日常习惯也得到了很大的改善，变成了一个有秩序性的孩子。

上例中，为了培养妞妞的纪律性，妈妈向她说明了什么是秩序以及遵守秩序的作用和重要性，让妞妞逐渐懂得了遵守纪律。

一些家长感觉培养孩子的纪律性有些困难，因为孩子心智不成熟，很难理解什么是纪律性。对此，蒙台梭利建议，家长可以从培养孩子的秩序性入手。秩序，就是创造有条理、整洁、不紊乱的环境。在蒙台梭利的教育思想中，很多方面都体现出秩序性，比如教材的秩序性，教学方法的秩序性，以及室内教具摆放的秩序性等。

秩序性是纪律性的基础。一些父母比较娇惯孩子，没有培养起他们的秩序性。孩子进入幼儿园后，这些不足之处就体现了出来。比如有的孩子一切以自己为中心，不会顾及他人，插队、上课讲话、打断别人说话等行为时有发生。这就需要家长向他们强调秩序的存在和重要性，培养他们的纪律性，使他们对集体和纪律有意识。

秩序性并不是天生的，孩子的秩序感要靠后天培养。家长要让孩子知道，世间所有的事物都在遵守着自己的秩序，自然有自然的秩序，社会有社会的秩序。只有每个人都遵守自己应该遵守的秩序，社会才能正常运转，人们的生活才能正常进行。家长可以让孩子试想，如果父母不收拾房间，不打扫卫生，家中会变成怎样的景象。明白了不讲秩序带来的混乱后，孩子自然会懂得秩序性的重要，自己才会去遵守秩序，从而培养纪律性。

家长要经常带孩子观察各种与秩序性有关的事物，让他们明白秩序的重要性。除了家庭生活，家长还可以带孩子出去，让他们观察更多与秩序有关的事物。比如让孩子观察电影院前人们排队买票入场的场景，让孩子知道排队就是一种秩序，如果不遵守，就会引起混乱；带孩子到图书馆时，让孩子观察人们安静看书的情景，告诉孩子，安静、不打扰别人是在图书馆里必须遵守的秩序，只有这样，图书馆才能满足人们学习、阅读的需求。

家长要为孩子创造一个有序、整洁的家庭环境。环境对孩子的影响不可忽视。试想，如果家庭环境无序、混乱，物品杂乱摆放，父母如何培养起孩子的秩序性？因此，父母要重视言传身教，为孩子营造一个有序的生活环境，尽量让家中井然有序，生活规律，让孩子养成良好习惯。

蒙氏早教心经：

1.秩序性的养成是培养纪律性的关键；
2.秩序性并非生来就有，要靠后天培养；
3.经常带孩子观察与秩序性有关的事物，让他们明白秩序的重要性；
4.重视环境对孩子的影响，为孩子创造一个有序、整洁的家庭环境。

适度惩罚，让孩子更守纪律

在培养孩子的纪律性的过程中，适度的惩罚是很有必要的。蒙台梭利也曾强调监督孩子的重要性。对孩子进行适度的惩罚，可以让他们意识到自己的错误，明白自己该做什么、不该做什么。不过，生活中的一些家长在培养孩子的纪律性时，对于惩罚这种方法的理解和执行存在一些误区，甚至因此影响到了孩子的成长。

5岁的天天是一个淘气的男孩。他从小就活泼好动，很难安静下来。进入幼儿园后，这种好动性表现得更明显了，不管是吃饭还是上课，天天不遵守纪律，总是与他人讲话，排队上厕所时还经常插队。老师经常向他的父母反映天天不遵守纪律的行为。

爸爸决定严格训练天天，让他明白纪律的重要性，成长为遵守纪律的孩子。为此，爸爸制定了一套惩罚制度。他针对天天的各种行为做出了惩罚规定，比如，如果天天吃饭时说话，就惩罚他抄写一页古诗；如果天天在做作业的过程中乱动，爸爸就会严厉地批评他一顿。总之，一旦天天有不听话的情况发生，爸爸就会严厉地惩罚他。

在这种惩罚制度下，天天的情况似乎有好转，他上课时不说话了，吃饭时也不会与小朋友打闹。但是，渐渐地，爸爸发现天天似乎变得不如以前活泼了，在爸爸的严厉惩罚下，他变得不敢说话，以为说话就会受罚。

上例中，为了使天天学会遵守纪律，爸爸对他采取了严厉的惩罚制度，这导致天天以为自己一说话就会受罚，变得不敢表达、内向怯懦。

在生活中，很多家长都与上例中的天天父亲一样，对孩子过于严厉，孩子做得不够好时就严厉地斥责甚至体罚，却不向孩子讲明为什么不能这样做的道理。这样做虽然可能会使孩子变得听话、不再违反纪律，但同时也可能导致孩子变得胆小、怯懦，更不明白自己该做什么、不该做什么，到最后还是不明白纪律的含义和重要性。这对他们的成长是不利的。如果惩罚力度过轻，又难以让孩子意识到自己的错误和遵守纪律的重要性，孩子的纪律性同样得不到训练。

对此，家长需要明白，适度的惩罚才能让孩子学会遵守纪律，健康成长。蒙台梭利认为，在孩子的成长过程中，尤其是在他们的习惯养成过程中，家长必须严格监督孩子。这是孩子养成遵守纪律的习惯的保障。家长要让孩子明白，规则一旦确立，只要它是合理、正确的，每个人都应遵守。对于孩子的违规行为，家长不仅要重视，还要有相应的惩罚。比如用眼神提醒孩子、制止孩子、表现出自己的失望等。这些行为都会使孩子意识到，自己做错了，让父母失望了，从而明白遵守纪律的重要性。

除此之外，家长也可以采用其他惩罚手段。比如，当孩子插队时，家长就应指出孩子的错误，并告诉孩子排队的重要性，同时取消他们这一天的零花钱，或是惩罚他们做些家务。如果孩子在公共场合大声喧哗甚至影响到他人，家长在指出他们的错误后，可以惩罚他们一小时不许说话等。这样的方式不仅有助于孩子记住自己所犯的错误，也比较适度，不会给孩子留下"后遗症"，影响他们的成长。

家长要注意，惩罚力度一定要适中，不能像上例中天天的爸爸一样，惩罚过重，导致孩子不敢再说话。惩罚手段要视孩子的个人情况而定，如果孩子本就比较胆小，就一定不能采取过于严厉的惩罚方式，那会导致孩子更加怯懦。惩罚内容最好与孩子的错误有关，这样能让孩子留下更深刻的印象。同时家长也要注意，惩罚只是手段而非目的，更为重要的是让孩子明白自己错在哪里，要向孩子讲明不遵守纪律的后果，而非简单地施以惩戒，避免孩子像上例中的天天一样，认为只要自己说话就是犯错，因而变得不敢表达。当然，惩罚力度也不能太轻，那对孩子来说没有效果，甚至会变成一种纵容，不利于孩子意识到纪律的存在和遵守纪律的重要性，难以培养他们养成遵守纪律的好习惯。

蒙氏早教心经：

1.监督、惩罚对孩子的纪律性培养很重要；

2.过度惩罚或惩罚方式不当对培养孩子的纪律性无益，他们难以明白遵守纪律的重要性；

3.要让孩子明白，规则一旦确立，只要它是合理、正确的，每个人都应遵守；

4.惩罚内容最好与孩子的错误有关，让孩子印象深刻；

5.惩罚力度要适中，同时要给孩子讲明道理。

结合孩子的发展阶段培养纪律性

纪律性，需要孩子有一定的服从。蒙台梭利认为，孩子的服从是不断发展的，如果能结合服从的发展阶段，有针对性地训练孩子的纪律性，效果会更好。

小凡今年4岁，是一个淘气的男孩。刚刚进入幼儿园学习的他就已经给父母带来麻烦：老师总是向他的父母反映小凡的问题。

原来，小凡个性活泼好动，而且不喜欢别人来管自己。在幼儿园里，他经常不按老师的话做事。比如，当大家都在学习唱歌时，他非要去玩玩具；当大家都在午休时，他又想唱歌；中午排队打饭时，小凡总是插队，老师批评他他也不听。这让老师很是无奈。

父母决定训练小凡的纪律性，让他懂得听话。妈妈先是严厉地批评了小凡，接着便要求他不管什么事都要听父母和老师的话。对于小凡的很多要求，妈妈都直接拒绝，要求小凡无条件听话。比如，妈妈给小凡规定了读书时间，但小凡却想去玩，想把读书时间改为晚上。妈妈一听便拒绝了，要求小凡在规定的时间里读书。

但妈妈的做法并没有什么效果，小凡依旧不听话，他感觉妈妈什么事都在跟自己作对，依旧按照自己的想法做，在幼儿园的表现依旧不遵守纪律。妈妈不知道：怎样才能让小凡听自己的话？

上例中，发现小凡不遵守纪律、不听话后，妈妈采取直接、简单的方式，命令小凡对自己无条件服从。结果适得其反，小凡更加抗拒。

很多家长对于守纪律的理解都是如此，他们认为遵守纪律就是无条件服从。因此，很多家长都像上例中小凡的妈妈一样，采取直接、简单的方式，要求孩子什么都要听自己的，要做到无条件服从命令。他们认为，这样做就能强制性地让孩子守纪律。然而，结果往往不尽如人意，孩子要么变得怯懦、没主见，要么更加叛逆、不听话。

对此，蒙台梭利指出，孩子的服从并没有那么简单，服从并不意味着让孩子简单地听从父母的命令。经过多年的观察和研究，蒙台梭利提出，孩子的服从要经过三个阶段的发展。

第一阶段。最初，幼儿有些反复无常，有时听话，有时不听话。这个阶段的孩子其实已经产生了目的意识，符合他们愿望的要求他们就会选择服从，否则他们就会拒绝。这个阶段的孩子很多特质还未定性，知识掌握不多，可塑性大。家长要想培养孩子的纪律性，更多要靠强制性命令，让他们主动服从是不太可能的。比如，当发现孩子玩些可能对他们造成危险的物品时，家长给他们讲道理、说明原因并没有什么用，因为孩子理解不了。最有效的方式就是强制性地命令。对孩子的要求要视他们的成长和能力而定，不能过高要求。

第二阶段。这个时期的孩子已经能够做出一些服从。他们对事物有了更多的了解，理解能力也增强了，控制自己的能力也得到提高。这时的他们不但能够听从自己的意志，还能服从他人的意志，甚至可以说他们随时可以服从命令。孩子能够明白他人的意图，还经常无条件服从他人的命令，在很多家长看来，这已经是最理想的状况，他们认为这时的孩子最听话、最守纪律。然而，其实这样的服从对孩子来说有利有弊的，可能会导致他们没有主见和个性，未来的发展受阻。因此，对于这个阶段的孩子，即使他们非常听话，家长也要注意，不要企图完全掌控孩子，要尽量使自己的要求符合孩子的个性，激发他们个人的特质，使他们在服从的前提下寻找独特的自我。

第三阶段。这个阶段的孩子主动性更强，各种能力也得到发展，臻于成熟。他们的自我意识越来越强，对于能提高他们的能力的命令更容易服从。比如，有的孩子发现别人折的飞机比自己折的好看，不用父母要求，他们就希望能再折一次。父母还可以用故事来告诉孩子纪律的重要性。大文学家司马光小时候也和很多孩子一样，有着贪睡、贪玩的坏习惯，一点儿纪律性也没有，还为此常受先生的责罚和同窗的嘲笑。但在先生的谆谆教诲下，他下决心一定要改掉陋习。后来的每一天，他都严格要求自己，为避免睡过头，他经常在晚上喝很多水，以为这样自己就会被尿憋醒。可时间长了，这个方法的效果就不那么好了。于是，聪明的司马光又用圆木头做了个枕头，早上他一翻身，头就会滑落到床板上，然后自然惊醒。因为这样严于律己，最后他终于获得了文学上的成功。通过故事的引导，父母就能逐渐培养孩子的纪律性了。可以说，这个阶段的孩子，服从意识和服从能力都发展到较高水平。这时的孩子容易冲动、好动，家长可以利用肃静游戏，让他们安静下来，加强他们对自己行为和冲动的控制能力，提高他们的意志力，增强服从意识。

蒙氏早教心经：

孩子的服从在不断发展，要据此培养孩子的纪律性：

1.第一阶段，孩子反复无常，已经具有目的意识，符合目的的要求就服从。这个阶段，要强制性命令。

2.第二阶段，孩子的服从得到提高，能够听从自己和他人的意志。这个阶段，家长要尽量打造孩子自己的个性。

3.第三阶段，孩子的自我意识更强，希望提高自己的能力。家长可以通过肃静游戏等方式提高他们的意志力和控制力。

第六章

品德教育
要从娃娃开始抓起

爱是孩子最美好的情感

蒙台梭利认为，判断一个人基本状况良好和身体健康的标志是获得"爱的感觉"。当一个人能够按时完成生活中的各项任务，并且与周围环境、他人和谐相处的话，那么他自身就会获得一种满足感，这种满足感就是爱的感觉。这种爱的感觉会让一个人心情愉快，并且富有活力和动力，同时能够对周围环境和各种事物做出积极的反应，也就是将这种爱的感觉主动回馈给他人和环境。

早在孩子还未降临世间时，父母便已经对孩子倾注了所有的爱心和热情。在父母无微不至的关爱中，孩子们生活在充满爱的环境里。孩子在父母的关爱中成长着，也在父母的爱里获得爱的情感，并且学习如何去爱。孩子的很多行为和思想并不是为了爱，而是出于爱的原因，孩子做出这样那样的反应。蒙台梭利说："爱是出于本能，爱是生命的创造力，爱也产生于创造的过程。"一个心中充满爱的孩子，他的行为也会受到这种美好情感的影响。

孩子拥有许多令成人十分艳羡的东西，比如似乎取之不尽、用之不竭的热情和动力。孩子对身边的每个新鲜事物都怀有莫大的热情，他们似乎永远都不知疲倦，而且令许多成年人感到不可思议的是，孩子的心态也总是积极向上的，经常出现在许多成年人脸上的沮丧、焦虑却很少出现在孩子心中。孩子的热情和动力其实就来源于他对周围环境和生活的爱。在爱的力量的驱使下，孩子总是敏锐而且热情地对环境做出各种反应，这种爱引导孩子观察生活中的各种特征，提示孩子发现生活中的细枝末节，在这些微小的事物中，孩子迅速积累起关于生活的智慧，形成自己的人格特征和世界观。

孩子对周围环境的爱强烈而单纯，这种爱创造了孩子热情、美丽的心灵。随着孩子认知能力的提高，他将这种爱散播到更远、更多的地方，尤其是对自己的父母，孩子们炽热、纯洁的爱毫无保留。蒙台梭利说："孩子爱成人胜过一切。"当然，这里的成年人指的是孩子的父母以及其他家人。孩子对成年人的爱让他能够放下一切戒备，全心全意地依赖成年人，并且希望自己和成年人能随时随地都保持近距离的接触。比如孩子有时候会缠着父母迟迟不肯入睡，早晨起床后第一件事便是出现在父母眼前等。这些都是孩子对成人毫无保留的爱的体现。

但是很多成年人对孩子爱的表现并没有做出正确的回应，他们甚至误解了孩子的爱。比如当孩子早上兴冲冲地跑来站在父母床前时，父母会粗暴地呵斥孩子，抱怨孩子打扰了自己的休息。其实孩子有时候并不是来打扰父母的，他们的目的不是将父母从床上拉起来，而是仅仅想要在起床后来看看自己深爱的父母。

孩子单纯美好的爱是他们最美好的感情之一，这种感情不仅对他们自身有很大的促进作用，而且还会帮助成年人超越自己。蒙台梭利认为孩子的爱对父母来说非常重要。孩子的爱唤起了父母更多的生气和热情，让父母感受到爱的气息，并且在这种气息的鼓舞下追求更美好的生活，不断超越自我。

孩子单纯美好的爱是美好、珍贵的感情，同时也是孩子最宝贵的一笔财富。正是因为这种爱，孩子才能保持热情，才能拥有善良、单纯、友爱等多种美好的品质。但是孩子的这种美好的情感也需要家长的呵护和培养，蒙台梭利提醒家长要在生活中多注意与孩子沟通交流的方式，避免伤害孩子对周围环境和生活的爱与热忱。这里有几点建议供各位家长参考：

1.孩子的有些"反抗行为"其实是缘于孩子的爱没有得到家长正确的回应。

家长有时候会感到孩子变得十分无理取闹，或者故意发脾气，这会让家长感到十分头疼，对孩子这种行为的回应也会变得很不耐烦甚至粗暴。其实这是孩子对家长不理解自己行为的一种反抗。所以当孩子发脾气时家长要有耐心，不要用自己的臆断伤害到孩子的情感，这对孩子的成长是不利的。

2.教孩子将爱的情感延续下去，并且能够由己及人，培养孩子友善开朗的性格。

孩子的世界纯洁而美丽，家长要将孩子美好的情感加以"深造"，让孩子能够将这种爱由身边的亲人推广到周围的朋友、动植物甚至每一个人，培养孩子对未来和现实社会的热情，让孩子充满希望，积极、阳光、健康地成长。

3.家长要给孩子营造一个充满关爱的和谐环境，让孩子从被爱中学会爱人，在爱的氛围里健康成长。

这里不仅仅指的是家长对孩子的关爱，还包括家人互相之间的关爱和友善，让孩子的生活环境中处处都充满和谐，这就需要全家甚至整个社会共同努力，营造出祥和、友爱的大环境，只有在这样的环境中成长起来的孩子，才能够保持一颗赤子之心，才能够将与生俱来的爱发挥到极致。在家中，父母要给孩子做好表率，做到友爱、孝顺，让孩子学会如何关爱别人，如何与环境和谐相处。爱是孩子最美好的感情，同样也是整个人类最美好的感情，为了孩子的健康成长，也为了整个家庭和社会的和谐，这种爱应当被发扬和传承。

蒙氏早教心经：

爱是一个人身心健康、状况良好的有效标志。有爱的孩子更能发现生活中的美好，也更容易产生满足感和成就感，也更愿意奉献自己的爱心。

孩子对家长的爱是最纯粹的，家长要善用这一点，让孩子先学会爱父母，再体会来自父母的爱是什么感觉，逐渐了解什么是爱，如何爱人和享受被爱。

家长要给孩子创造一个温馨快乐，充满爱的家庭环境，这样孩子才能在成长中一直保持一颗赤子之心，建立良好的品德。

让孩子在被尊重中学会尊重他人

蒙台梭利在长期的教育实践中发现，孩子的个人尊严感早在孩子幼年时期就已经萌发，而且这种尊严感十分强烈。但是不得不承认，在成人的世界中，孩子的尊严似乎没有得到应有的重视。

蒙台梭利曾经做过调查，所有参观过蒙台梭利创建的"儿童之家"的人都反映，在这里每个孩子给人的感觉是毫不压抑的，孩子们不会刻意回避，也无须担心和不安，这里的孩子给人的感觉是更加从容和博爱。这是因为在"儿童之家"，每个孩子都能得到充分的尊重，孩子的尊严感被很好地保护着。而拥有尊严感的孩子自然会明白如何做才能"达到最好的效果"，他们会继续朝着这个方向努力做得更好，这样就能维持这种尊严感，能够让自己得到更多的尊重。而在其中，家长需要做的仅仅是给予孩子足够的尊重，让孩子感受到尊严感，然后在尊严感的促使下，孩子的本能会引领他们做应该做的事。

蒙台梭利曾经给孩子们上过这样一堂课，主要教孩子们如何使用手帕擤鼻涕。当蒙台梭利教孩子如何在不引人注意的方式下拿出手帕，又如何不动声色地擤完鼻涕再收回手帕时，她以为孩子会在课堂上哄堂大笑。但是出人意料的是，所有孩子在认真看完她的示范之后都用力鼓起掌来，而且目光中都流露出感谢之情。

蒙台梭利说这是自己"触到孩子某个敏感点了"。对孩子来说，如何正确而且优雅地擤鼻涕确实是个难题，而他们正因为这个问题无数次受到责备。孩子们被家长指责的时候没有顾及孩子的尊严问题，因此孩子感觉到自己被羞辱，擤鼻涕也成了比较敏感的话题。而在蒙台梭利的演示中，孩子找到了解决这个尴尬问题的方法，而且蒙台梭利没有像其他成年人那样，对他们进行呵斥和辱骂，让孩子感受到了被尊重，孩子的自尊感得到维护。

蒙台梭利强调，家长一定要尊重孩子，保障孩子的尊严感，只有充分得到尊重的孩子才能意识到自觉，才会自发地学习，并且更加容易成功。作为家长和老师，在教育孩子的同时一定要学会尊重孩子，把孩子当作和自己一样平等的人，在沟通和交流中让孩子更加快乐和高效率地学习。

当孩子的尊严被成年人忽略时，他们脆弱的心灵在受到伤害的同时也会容易忽略一个很重要的问题——尊重别人。人与人之间交往的基础就是尊重，保障别人的尊严不受侵犯。但是如果孩子从小就没有得到充分的尊重，那么他就无法体会到被人尊重的感觉，也就无法对尊严的重要性感同身受，因此在和别人交往时他也会忽略尊重别人。这对孩子的人际交往是非常不利的。因此要想让孩子学会尊重别人，首先家长要尊重孩子。

这里有几点建议供各位家长参考：

1.家长要给予孩子足够的信任，相信孩子的能力。

很多时候家长觉得孩子是脆弱的，他们无法依靠自己学会很多事情，因此需要家长时刻"提醒"和帮助，但是家长不恰当的方式会在不经意间伤害孩子的自尊心。家长要相信孩子能够依靠自己的力量学会该学的技能，也要相信孩子足够坚强，能够在不断探索和改进中变得成熟。家长对孩子的不信任容易让孩子对自己的能力产生怀疑，进而变得不自信。

2.教孩子学会自制。

对孩子给予足够的尊重并不等于对孩子完全放任自流，家长在尊重孩子的同时要教孩子克制自己，认真做事，用自己的能力来证明自己值得被信任、被尊重。

3.家长不要忽略孩子的"面子"问题。

有的家长喜欢在别人面前谈论孩子的缺点，希望这样可以"刺激"孩子更加上进。但事实证明这样的做法是不恰当的，因为家长没有顾及孩子的"面子"问题，让孩子觉得自己的尊严受到侵犯。

4.教孩子学会尊重他人就是尊重自己。

人与人之间的尊重是相互的，要想获得尊重，就必须先学会尊重别人，家长要教孩子意识到尊严的重要性，然后学会由己及人，在和别人的交往中学会尊重别人。

蒙氏早教心经：

想要获得尊重就先要学会尊重他人。所以，家长要告诉孩子，只有在生活中先尊重别人，别人才会尊重他。家长要让孩子知道尊重是相互的，也是人与人相处时很重要的一件事。

家长是孩子的第一任老师，因此家长在日常生活中应多尊重孩子，对孩子的想法给予肯定和支持，让孩子体会被尊重是什么感觉。如果孩子的想法不成熟，甚至是错误的，家长也不要马上批评孩子，要鼓励孩子多想，多动脑，给予孩子最基本的尊重，这样孩子才能体会到尊重的重要性。

家长要学会信任自己的孩子，放手让孩子做事，不要当众批评孩子或讨论孩子的缺点，这会让孩子的自尊心受创，自然就会做出一些不尊重人的行为。

相信"性本善"是孩子的共性

在蒙台梭利的教育理念中，她认为许多教育家对于孩子的教育更多的是在干涉孩子的自由行动，让教育变成了一种强制的惩罚行为。蒙台梭利认为父母和老师必须相信孩子的本性，相信孩子内在的力量。孩子处于幼儿时期时，他们本身是没有善恶观念的，但是孩子的本性却是善良的。他们看到受伤的小动物会感到难过，看到穷苦的人会想要帮忙，这就是孩子本性善良的缘故。

当然，孩子的本性除了善良、单纯，还有淘气、蒙昧等。也正是因为孩子天然的本性中有好有坏，所以父母需要帮助孩子建立完善的人格，帮助孩子剔除本性中那些不好的方面。但是，也有很多父母由于孩子年纪小，不明是非，所以以为孩子总是做坏事，不加明辨就斥责孩子，这对孩子来说是一种非常严重的伤害。所以，请父母们无论何时，都要相信孩子的天性是善良的。

迪迪今年五岁了，是个非常活泼好动的姑娘，但是也很毛手毛脚，不是不小心打碎了家里的杯子，就是碰掉家里的摆设。迪迪的妈妈为此说了她好几遍，但是迪迪的性格如此，妈妈也没办法，只是嘱咐迪迪小心家里锋利的东西和贵重物品。迪迪的姑姑家有个比迪迪小一岁的弟弟小辉，这天小辉的爸爸妈妈有事要出去，于是就把小辉放在迪迪家里。下午，迪迪妈妈要去买做晚饭的食材，就让迪迪和小辉在家里玩。迪迪和小辉在家里玩猫抓老鼠，两个人在家里跑来跑去，玩得不亦乐乎。小辉为了躲开迪迪，跑到了迪迪父母的房间，跑的过程中不小心把迪迪妈妈放在桌子上的玉镯碰到了地上，玉镯一下子碎成了两瓣，小辉吓了一跳，立刻把镯子捡起来放在桌子上，赶紧跑出去。迪迪妈妈做完晚饭回房间一看玉镯碎成了两瓣儿，立刻想起了自家毛手毛脚的女儿，问迪迪是不是她碰碎的，迪迪说不知道，不是她。小辉一看迪迪妈妈这么生气，不敢承认，只说不是他。这下迪迪妈妈更生气了，认定了迪迪摔碎了镯子还不承认，一气之下打了迪迪一巴掌。

在日常生活中，像迪迪妈妈这样，由于孩子平时的表现而武断地决定孩子对错的父母不在少数，孩子虽然淘气，但是不会没有原因地撒谎或做坏事，遇到这样的情况，父母首先要控制自己的脾气，不要吓到孩子，给孩子一个鼓起勇气坦白的机会。对于这件事情，虽然后来小辉在自己父母的鼓励下承认了错误，但是迪迪妈妈打迪迪的那一下，却是无可挽回的。

蒙台梭利认为，无论何时，父母都应该相信孩子。孩子本身对于是非并没有明确的观念，如果父母用错误的方式对待孩子，孩子感到害怕，就会在错误的到道路上越走越远。

在生活中，如果父母遇到了类似迪迪这样的情况，一定要耐心对待孩子，首先不要像迪迪的妈妈那样表现出自己的怒气，要心平气和地和孩子谈谈，告诉孩子，勇于承认错误就是好孩子，父母是不会惩罚承认了错误的孩子的。如果孩子依旧坚持原来的说法，而且态度坚定，那这个时候父母就要考虑是不是自己想错了。谈话后，如果孩子还是原来的态度，请选择相信他，给孩子鼓励和支持。幼儿时期的孩子没有是非观，也没有撒谎的观念，发生这种情况，父母一定要给孩子正面的影响。

如果父母清楚地知道了孩子做了坏事，也不要不问清楚原因就采取惩罚的措施。父母首先要搞清楚，孩子为什么要做坏事，原因是什么，最好和孩子面对面地谈一谈。弄明白原因，告诉孩子正确的解决方法，给孩子正确的引导。如果孩子不愿意告诉父母原因，父母也不要立刻惩罚孩子。父母可以告诉孩子，我们想知道原因，等什么时候你愿意告诉我们，就再告诉我们，我们相信你。这次我们不会惩罚你，但我们不希望有下次。毕竟，惩罚是最坏的教育孩子的方法之一。

蒙氏早教心经：

俗话说：人之初，性本善。任何人刚出生在这个世界上的时候，都是善良的，都拥有美好的品德。但在后天的生活中，因为经历了不同的人和事，处于不同的环境中，人们才会拥有了不同的品行，有的善良，有的邪恶，有的善恶并存。

家长要从小为孩子树立一个良好的榜样，让孩子了解什么是善什么是恶，在日常生活中逐渐形成准确的是非观，教会孩子如何判断是非，并让孩子知道哪些事情是坏事，不能做，哪些是好事，要多做。

如果孩子不小心做了一件坏事，家长也不要急于惩罚，要先问清楚原因，再来告诉孩子为什么这件事他做错了，要给孩子改正的机会，不要马上就否定孩子，武断地惩罚孩子，这样做，只会损害孩子的身心健康。

帮助孩子纠正撒谎的坏习惯

蒙台梭利作为著名的教育家，在儿童的心理发展方面也有其独特的观点。她认为孩子的心理发展不是单纯的心理内部问题，也不是教育和环境的产物，而是机体与环境相互作用的结果。在蒙台梭利的观点里，创造良好的教育环境，采取合理的教育措施，丰富孩子的经验，可以培养孩子高尚的品格。

品格是判定一个人的标准之一，而一个人品格的形成在于幼年时期接受的教育和心理影响。孩子在幼儿时期所形成的个人品格会伴随孩子的一生，所以父母一定要及时帮助孩子形成健全的人格。

小新今年3岁了，但是小新有个令人头疼的问题，就是爱撒谎。小新的爸爸妈妈试过各种办法阻止小新撒谎，但是都失败了。最开始小新只是在"我没有偷吃东西"这样的小事上撒谎，渐渐地，小新开始说"我没有打碎东西""我没有拿别人的东西"。小新的爸爸妈妈每次都又急又气，但是对屡教不改的小新又没有办法，只能去请求育儿专家的帮助。

蒙台梭利认为，孩子在成长过程中会出现各种各样的毛病，而父母和老师不能直接进行惩罚等行为强行命令孩子改正，应该充当辅助角色，帮助孩子树立正确的价值观，从而改掉不好的习惯。

孩子在成长过程中，都会有撒谎的毛病。这是因为孩子在幼儿时期对于撒谎并没有什么定义，他们可能只是出于害怕而做出撒谎的行为。如何帮助孩子解决撒谎的问题，才是父母们应该了解的。

对于孩子撒谎的问题，父母首先要明白孩子问什么撒谎。孩子说谎的情况分为很多种。首先，幼儿时期的孩子有着非常丰富的想象力，有时候孩子会凭空想象出一些不着边际的话，但是幼儿时期的孩子分辨能力不强，有时会将想象与现实混淆，有的父母不理解，就说孩子在说谎，这是不对的。

莹莹今年刚上幼儿园，可她特别讨厌去上学，想多和妈妈待在一起，于是周一的早上，莹莹搂着妈妈的脖子问妈妈："妈妈，我今天不想去上学，你能不能也不要上班，在家里陪我玩呢？"

"这可不行，学生就是要去上学的，而妈妈如果不去上班，怎么挣钱给你买好吃的呢？"妈妈摇头拒绝了她的要求，莹莹不高兴地噘起了嘴，但还是听了妈妈的话，背起书包去上学了。

上午10点，正在工作的莹莹妈突然接到学校的电话，说是莹莹在学校突然晕倒，已经送进了医院。

莹莹妈心急地赶到医院的时候，莹莹已经清醒了，医生检查过后，说莹莹没问题，便让莹莹妈带着她回家了。

回家的路上，莹莹很高兴地抱着妈妈的脖子，撒娇道："妈妈，今天终于能和妈妈一起在家里玩了。"

妈妈连连点头，并买了莹莹最爱吃的炸鸡块带回了家。

在家里，妈妈看着活泼爱动的女儿，心里突然产生一个想法：会不会是女儿撒谎故意骗了大人们，说自己生病了呢？

虽然有这种可能性，但妈妈还是觉得女儿不会做出这种事情来，便笑着摇了摇头，陪女儿玩了起来。

后来，又发生了几次类似的事情，莹莹妈才确定，女儿真的是说谎骗了大家。可女儿为什么突然变得爱说谎了呢？她实在是想不明白其中的原因。

有时候孩子撒谎只是为了引起注意。幼儿时期的孩子相对于其他阶段，更需要父母的关注。如果父母忙于其他事情，而忽略了孩子，孩子想要得到父母的关注，说谎便成为一种方法。这种情况下，父母要反省自身，加强对孩子的关注，让孩子感受到父母的爱，说谎的情况自然就会消除。

还有另外一种情况就是教育不当。父母是孩子最直观的榜样，父母做什么，孩子就会学什么。幼儿时期的孩子没有正确分辨对错的能力，对于父母给的信息，不会加以分辨。因此，父母要先做到在孩子面前不要撒谎。

有的时候父母的问话方式也会影响孩子的回答。比如，父母问孩子："你是不是把××怎么了？"幼儿时期的孩子可能会不加分辨就会回答是或者不是。这个时候如果父母发现事实并非如此，就会觉得孩子撒谎了。但是如果父母换一种方式，比如"你知道手套在哪里吗？"孩子就会指给父母正确的位置。这种情况叫暗示性撒谎，这样的撒谎，问题不单单在于孩子，父母也有责任。这时候，父母要注意自己与孩子交流时的说话方式，不要问带有暗示性的问题。

有的孩子非常渴望得到某种东西，就会有撒谎的现象。其实这并不是真正的撒谎，由于幼儿时期的孩子心理和思维发展不完全，会以为"希望得到"的东西"已经得到"了。遇到这种情况，父母不要担心，随着孩子心理的成长，加上父母适当的疏导，这类撒谎问题就不会再发生了。

孩子最常见的撒谎问题是为了逃避某些事情而撒谎。比如，有的孩子打碎了东西，因为害怕父母的责罚，撒谎说不是自己所为。这种行为往往是因为恐惧造成的，而惩罚就是造成孩子恐惧的原因。遇到这种情况时，父母要克制自己的情绪，明白在成长过程中孩子犯错是不可避免的。父母应该鼓励孩子说出事实，当孩子说出事实后，不要责骂孩子，要教孩子以后遇到这类问题时怎么办，避免孩子再次撒谎。如果父母只是一味指责，孩子会因为恐惧而不断撒谎，形成恶性循环。

蒙氏早教心经：

当孩子撒谎时，家长要了解孩子撒谎的原因，有时候孩子撒谎可能是有某种特殊的需求，家长要弄清楚来龙去脉，满足孩子的需求，并告诉孩子，撒谎是不正确的，让孩子树立正确的人生价值观和是非观。

当孩子确实是撒谎成了习惯，屡教不改时，家长绝不能放任，要给予一定的惩罚和教育，但不能严厉打骂孩子，这样只会起到反效果，让孩子口服心不服，下次继续撒谎。

家庭是孩子辨别是非的第一环境

家庭是孩子成长的第一所学校，也是对孩子影响最大的地方。每一个成年人都可以在其身上看到家庭的影子。在孩子人生最重要的前三年里，孩子主要的生活环境是家庭，在这里孩子学会说话等各项生活技能，也学会接人待物和辨别是非。

家庭是一所巨大的学校，父母作为孩子的第一任老师，承担着教育孩子辨别是非、学会独立思考和判断的重要任务。是非观念是一个人为人处世的重要原则，也是对人的行为的重要约束力量。没有是非观念的人没有判断能力，也无法做出独立和正确的选择，是非观直接影响着一个人的成长和发展方向。而是非观念不是与生俱来的，是通过后天的培养所形成的。

有这样一个故事：有一个男孩抹着眼泪回了家，爸爸问他哭什么，他说被小伙伴打了，他不知道怎么办，只好哭了。爸爸很生气地教训了他一顿，告诉他，以后再有人欺负他就欺负回去，再挨打回家哭就等着挨爸爸的打吧。小男孩很委屈，本来他想回来被爸爸妈妈安慰一下的，怎么反而被骂了呢？但是小男孩并没有把爸爸的话放在心上，认为爸爸可能只是单纯地吓唬人。可当下一次他又哭着回家，说被欺负后，爸爸竟然真的打了他一顿。小男孩又害怕，又气愤，又委屈，不知道该怎么办才好。这时候，爸爸对他说："下次再被欺负不知道还手，你就别回家了，我没有你这么没出息的儿子。"就这样，为了不挨爸爸的打，小男孩开始在被欺负的时候反击，从一拳一脚到拳脚相加，从挨打了再反击到觉得别人想欺负自己所以主动出击，再到为了不被欺负先"扬名"，这个小男孩最终成了这一带的"小霸王"，到处欺负人。对此，小男孩的父母不但不制止，反而为儿子感到自豪，觉得儿子终于有出息了，是个能干大事、有能耐的人。

案例中的家长显然没有给孩子树立正确的是非观。是非观是建立在生活中一点一滴的小事之上的，作为孩子最亲近的父母，自然也是对孩子影响最大的人。父母的行事方式、是非观念通过潜移默化的作用对孩子产生巨大的影响。如何教孩子辨别是非？这里有几点建议，供各位家长参考：

1.为孩子树立正确的思想道德标准和行为规范。

在是非观念的教育中家长绝对不能含糊其词，要给孩子树立明确且绝对正确的思想道德标准和行为规范，让孩子明确什么可以做，什么不可以做，并且严格执行。孩子的世界是一片空白，家长给孩子什么，孩子就会接受什么，因此家长一定要告诉孩子正确的是非标准，教孩子懂礼貌、讲文明、尊重长辈、遵守社会公德等。家长要切记不能给孩子灌输懒惰、自私自利、贪图享受等负面的思想道德观念。

2.家长做好"道德模范"，给孩子树立明白是非的好榜样。

榜样的力量是无穷的，家长的行为标准和思想道德对孩子有着不可估量的影响，所以家长首先要严于律己，用正确的思想道德和是非标准来要求自己并认真践行，用行动来影响孩子、激励孩子，让孩子在耳濡目染中学会明白是非。

3.教育孩子是非观不仅存在于思想之中，更体现在行为之中。

家长要教孩子按照正确的是非标准来约束自己的行为，将是非观念体现在日常行为之中，体现在一言一行之中，因此是非观念并不是一句口号，而是切实的行动。

4.家长要注意教育孩子的方法，是非观的培养不是一朝一夕就能完成的任务，需要家长长期、耐心地教导。

家长在教育孩子树立正确的是非观时，要有耐心，还要讲方法。对孩子所犯的错不能进行简单地惩罚，而是要给孩子讲清道理，让孩子明白错在哪里，要让孩子心悦诚服地接受，而不是屈服于家长的武力才接受家长灌输的是非观。随着年龄的增长，孩子对是非的分辨能力也会增强，因此教育孩子明辨是非不是一朝一夕的工作，而是伴随着孩子整个成长过程，在一次次的实践中教孩子做个明辨是非、善恶分明的好人。

蒙氏早教心经：

正确的是非观是孩子成功的第一步，良好的品德应该从让孩子分辨善恶做起。

家长应在日常生活中严于律己，为孩子树立一个品德高尚的榜样，用正确的思想道德来影响孩子，让孩子成为一个明辨是非、善恶分明的人。

培养孩子的是非观时家长要有耐心，不能急于一时。哪怕孩子多次表现出不辨是非，家长也不能对孩子发脾气，要耐心地对孩子讲道理，为孩子灌输正确的是非观。

第七章

父母是孩子心灵的
温馨港湾

自信是孩子成功的基石

蒙台梭利认为一个心理健康的孩子最显著的特质之一就是自信，能够很好地把握自己的行为，不会因受到外部因素的干扰而轻易改变自己的行为。自信的孩子拥有更加积极的心态，在生活中更容易取得成功。可以说自信是孩子成功的基石，因此培养孩子的自信心非常重要。

自信的孩子拥有足够的判断能力和相对比较强大的内心，他们能够独立支配自己的情感和意志。在自信心的支持下，孩子的主观能动性和创造力就会被放大，身体中蕴藏的潜能也可以被更好地释放。

有这样一个案例：刚上幼儿园的小朋友对课堂感到既新奇又有点害怕。尤其在课堂提问环节，有的小朋友能表现得非常主动，积极参与讨论，并且踊跃发言。但是也有的小朋友很胆怯，不敢在课堂上说话。小刚就是这样的小朋友。一天他回到家里非常沮丧，因为他没有得到小红花，而今天的小红花都是奖励给上课回答过问题的小朋友的。妈妈知道后问小刚："你为什么没有回答问题呢？"

"因为我怕自己说错了，老师和别的小朋友会笑话我。"

"不会的，上课就要积极发言。而且你要对自己有信心，你要相信自己，只要经过认真思考后得出的结果就不会百分百是错误的，而且要勇敢说出自己的想法，才能知道对错啊。"

"我的答案跟别人的一样呢，妈妈，我没有想错。"

"是啊，那你就更加不用担心了。相信自己！以后在课堂上要勇敢一点儿，要先相信自己，别人才能相信你。"

在妈妈的鼓励下，第二天小刚犹豫之后站起来回答了问题。下午回家后小刚立刻给妈妈展示了自己胸前的小红花，从此以后他也不再害怕在课堂上站起来发言了。

自信可以帮助孩子克服困难，让孩子更加从容。生活中总是伴随着各种挫折，人的能力也是在克服一个又一个难题的同时逐步提升。面对困难，自信可以帮助孩子平复内心，消除紧张和恐惧心理，然后才能充分调动所学的知识和智慧，想办法解决困难。试想一个连面对困难的勇气都没有的人，又谈何解决困难呢？

自信可以帮助孩子敢于尝试新鲜事物，能够不断挑战自己、超越自己。尝试新鲜事物可以说是一种冒险，而冒险需要自信作为精神支柱。在一次次的挑战之中，孩子可以学习到更多的技能，从而丰富自己的人生。

孩子与生俱来的好奇心给了孩子莫大的鼓励来接触世界，了解未知事物。作为家长，要注重对孩子自信心的培养，这里有几点建议供家长参考：

1.教孩子学会自我暗示，提高孩子的自信心。

父母要常对孩子说"你能行的""相信自己"，给孩子心理暗示，增强自己的信心。尤其是当孩子面临困难犹疑不决时，自我暗示能够给孩子很好的鼓励。父母要教孩子学会给予自己心理暗示，帮助自己树立自信。

2.家长不要忽略"小事"，要随时巩固孩子的自信心。

家长给予孩子肯定，并非是在非常重大的事情上，相反家长更应该注重一些看似不起眼的小事。比如孩子今天学会了辨认两种相似的颜色，或者将昨天磕磕巴巴才能背下来的古诗能够非常流利地背下来等。孩子的能力正是在一点一滴的小事中得到提高，自信心也是一样。孩子的内心十分敏感，家长给予孩子的关注和鼓励更应该从小事入手，帮助孩子逐步建立自信心。

3.赞美和鼓励对培养孩子的自信心很有帮助。

来自父母的肯定对孩子来说有非凡的意义，对孩子的自信心具有极大的鼓励作用。因此家长要及时给予孩子恰当的鼓励和肯定，让孩子感到自己的行为和付出是有意义的，这样孩子才会乐于继续努力，在行动中提高能力，自信心也会增强。

在这里需要注意的是，对孩子的赞美和鼓励也要从实际出发，不要对孩子进行盲目或者过多的赞美，否则会弄巧成拙，容易滋生孩子骄傲自满的心理，自信一旦过头就是自大，这对孩子的成长是极为不利的。

自信心是孩子成功的基石，是每个孩子成长中不可或缺的精神品质。对孩子自信心的培养，家长要从小做起，从小事做起，同时还要有耐心，帮助孩子成为自信、阳光、积极的人。

蒙氏早教心经：

自信心是孩子成功的基石，是一个人走向成功的重要因素之一。因此，家长要从小培养孩子的自信心，让孩子保持乐观向上的积极心态，勇敢面对遇到的困难和问题。

自信可以让孩子的内心变得强大，能让孩子变得独立且有意志力，使孩子遇事不会逃避，更容易越过艰难险境，积累经验，有所收获。

在培养孩子的自信心时，家长要善用言语的力量，运用赞美和鼓励帮助孩子树立自信心。当孩子在做事的时候，家长要及时肯定孩子的行为，并给予一定的鼓励，帮助孩子提高行动力，增强自信心。

在赞美孩子的时候，家长要贴切实际，不要过分夸奖，否则只会起到反效果，让孩子变得自大自满。

从小培养孩子的意志力

蒙台梭利这样定义意志力："它是一个人内心保持和谐的基础。"人的所有行为都受两种力量的支配和作用。一种是冲动，这是人做出某些行为或者某种反应的动力，正是在这种冲动的作用下，人才能进行一系列的行为。另一种是抑制，这种力量将我们因为愤怒等负面情绪而产生的不良冲动强行压制，阻止我们做出一些违背道德或者违反法律的事情。人的所有行为都是冲动和抑制这两种力量相互作用、相互制衡的结果。而这两种力量，就是意志力。

有这样一个事例，孩子不管是做事情还是玩游戏的时候，都十分冲动。有一次，孩子和小伙伴在一起玩搭积木的游戏，积木的数量有点儿多，玩耍的空间也比较大。很多时候，孩子为了拿到自己想要的积木，就必须要站起来跑去寻找积木。朋友们一开始都玩得很开心，可是没一会儿，妈妈发现自己的孩子引起了"大恐慌"！其他小朋友在拿积木的时候都是找好目标后避开其他小朋友轻手轻脚地走过去，而她的孩子却像一阵旋风一样横冲直撞地跑过去，完全不替其他小朋友考虑，经常撞到其他人不说，还把自己绊倒了好几回，实况简直可以用"惨不忍睹"来形容。妈妈说了孩子几回，孩子还是我行我素，就是不绕开其他小朋友。而且，妈妈还发现，孩子意志力不够坚定，经常积木没搭完就去玩其他的玩具了。妈妈问他为什么不把积木搭完，孩子竟然说已经对积木不感兴趣了，他现在感兴趣的是拆装游戏，当然要马上玩这个啊。妈妈让孩子把积木搭完再玩拆装游戏，孩子却不乐意。在妈妈的念叨下，孩子连刚开始没多久的拆装游戏都不想玩了，目光在房间里扫了扫，乐呵呵地跑去开小汽车了。妈妈看着其他专注搭积木的小朋友，和自己一会儿玩这个，一会儿玩那个，还时不时撞到别人的儿子，头都要变成两个大了。

人的所有意志都体现在人的行为之中，脱离了行为，意志就是纸上谈兵。孩子的行为是否有礼貌、言语是否得体、做事是否能够持之以恒，都是孩子意志力强弱的体现。意志力渗透在一个人的言行举止之中，是一个人生活的习惯。而这种习惯是依靠后天培养的，而非先天形成。

还有这样一个案例：小强是一个典型的做事"三分钟热度"的孩子。看到幼儿园里的小朋友在学画画，他自己也立刻买了画笔、画板，还央求着妈妈给自己报绘画班。但是上了一周的课之后，小强的兴致就明显没有那么高了。很快他又迷上了武术，这次又报了半年的武术班，但是仅仅上了两节课后，他就又哭又闹地不去上课了，原因是太辛苦了。"练功太累，浑身疼！"爸爸听到他叫苦，不由得生气起来："做什么都是三天打鱼，两天晒网，怕辛苦、没毅力，这点儿意志力都没有你能做成什么事！"

其实生活中像小强这样的孩子并不少见。孩子天生的好奇心让他们乐于尝试新鲜事物，但是因为缺乏意志力，不能够将这种好奇的冲动和之后的懒惰等情绪很好地处理，冲动和抑制两种力量无法达到平衡，因而很多孩子做事并不能持之以恒，三天打鱼两天晒网，最后当然不能获得成功。长此以往，孩子还会养成不沉稳、焦躁的性格，情绪易受干扰，容易冲动，这对孩子以后的成长是很不利的。

蒙台梭利认为，培养孩子的意志力要从小做起，家长要尽早教导孩子各种积极的行为，帮助孩子"尽早融合这两种力量"。但是蒙台梭利强调教导孩子得体合理的行为并不是教育的最终目的，行为的根本目的是为了锻炼孩子的意志，而不是为了培养一个早熟的绅士。如何从小锻炼孩子的意志力？这里有几点建议供各位家长参考：

1.多让孩子和其他同伴一起活动，在日常生活中锻炼孩子的意志力。

和其他孩子一起完成某项任务，可以锻炼孩子的专注能力，同时也可以培养孩子肌肉的协调能力。在集体活动中，孩子也可以学习尊重他人，比如不再从别人手里抢夺玩具，在活动时也可以学会兼顾他人，不那么毛手毛脚。这些都说明孩子在提高自己的意志力，在努力克制自己。

2.意志力的培养一定要和行动结合起来，说教的方式永远无法锻炼孩子的意志力。

对活泼好动的孩子，家长和老师似乎总觉得他们调皮捣蛋。但事实上，家长用说教的方式来教孩子该如何做，对培养孩子的意志力没有任何作用。相反，这种纸上谈兵还会让孩子的意志力变得薄弱让孩子的行为能力降低，对挫折和失败的承受能力下降。因此家长要鼓励孩子多行动，在行动中锻炼意志力。

3.学会持之以恒是意志力的基础，家长要教孩子坚定信念，做事不轻言放弃。

一个做事没有恒心的人是无法培养意志力的。因此家长要从小教育孩子做事能够持之以恒，做事三分钟热度的人是无法取得巨大成功的。当然，家长不应该强迫孩子做自己不喜欢或者不适合的事，要给孩子选择的权利，教孩子懂得"既然选择了远方，便只顾风雨兼程"的道理。

蒙氏早教心经：

意志力是两种力量相互制衡的结果，这两种力量分别是冲动和抑制。孩子从出生开始就有一股冲动，不知道抑制自己的冲动情绪，结果就表现得很没有意志力。因此，培养孩子的意志力应从让孩子学会抑制自己的冲动开始。

家长应让孩子学会融合冲动和抑制这两种力量，从小事做起，锻炼孩子的意志，提高孩子的意志力。

培养孩子的意志力，要让孩子学会努力克制自己，让活泼好动的孩子也能根据自己的意志而变得安静。家长要多鼓励孩子的抑制行为，让孩子在具体的行动中锻炼意志力。

培养孩子的意志力，家长要有耐心，要持之以恒。家长要根据孩子的喜好来锻炼孩子的意志力，不要强迫孩子做自己不喜欢做的事情。

不要让自卑阻碍孩子的成长

蒙台梭利指出，在生活中，很多家长其实都在无心或者有意之中对孩子进行打击，家长的某些做法或者语言让孩子在内心中形成一种认知：自己是无能的。一旦孩子有了这种想法，那么他就会陷入冷漠和恐惧之中，于是在孩子心中就会形成一道阻碍自己健康成长的屏障，这就是自卑感。

孩子如果感到自卑，就会对自己所有的行为加以否定，变得没有信心、胆怯，也会显得懦弱。一个自卑的孩子遇事不够果敢，因为他不敢相信自己能够做出正确的判断和决定，他在潜意识里认为自己是不会成功的。处在自卑感之中的孩子内心是压抑的、痛苦的，并且这种自卑感会如影随形，让孩子无法参与正常的社会活动，也会对孩子的学习能力产生阻碍。自卑感对孩子的成长所造成的负面影响是不可估量的。

但是很不幸的是，孩子的自卑感很多时候都是家长造成的。因为正是孩子最亲近和最信任的家长有时会表现出一种蔑视，家长不认为孩子具备做成某件事的能力，并且将这种蔑视在孩子面前轻易地表现了出来，用言语、行动向孩子传达出一种信息："你是无能的，是失败的。"蒙台梭利一直在向我们强调，孩子的内心是敏感而脆弱的，可能家长所认为的最平常不过的一句话都有可能给孩子造成伤害。如果家长没有及时认识到这种伤害，并且继续我行我素的话，就会让孩子在父母的否定中陷入自卑的阴影。

有这样一个案例：上幼儿园的孩子看着刚刚下班的父亲坐在沙发上一脸疲惫，因此费了很大的力气为父亲接了一杯水。当他小心翼翼地端着水杯走过客厅时，杯子里的水摇摇晃晃只剩了半杯。爸爸看到后，皱着眉头说："你看看你怎么这么笨，水都洒了，小心点……"结果他话音未落，孩子一不小心脚底一滑，手里的杯子就已经"粉身碎骨"了。

"你看看，我说什么！怎么这么不小心！连杯水都端不好！你说你能干什么！"孩子被吓坏了，刚才爸爸的一句话让他一走神就不小心打了杯子，现在听着爸爸骂骂咧咧的声音，他感到很难过。很长的一段时间里，孩子都对水杯心有余悸，因此爸爸的话让他觉得自己很难做好这件事了。垂头丧气的他感到自己确实如爸爸所说的那样"很没用"。

家长出于对孩子的关心，或者想帮助他们做成功某件事，会提醒或者指导孩子。但是有的家长却不注意自己的方式，贸然打断孩子的行为，并将自己的想法用粗暴的方式表露出来。家长的行为给孩子的内心造成很大的打击，让孩子产生了挫败感，这种挫败感会让孩子失去继续做某件事的热情。失去热情的孩子也会失去动力，失去探索环境的欲望。而停止探索的孩子，也将很难取得进步。

蒙台梭利认为，孩子的行为具有一定的规律和习惯，并且这种习惯是在孩子的实践活动中形成的。成年人如果擅自打断孩子，破坏了孩子行为的习惯，就会使孩子认为自己的行为是毫无意义的。因此家长要对孩子的行为习惯加以尊重，并且给孩子鼓励，要让孩子觉得自己的行为有意义。

自卑感还会对孩子的责任意识产生负面影响。一个人的责任感建立在他对周围环境和事物之间关系的透彻理解和正确判断之上，这就需要孩子能够做出正确的判断，并且采取相应的措施。但是要做出这种反应，就必须对自己的理解和判断持肯定态度，相信自己能够承担责任。而处在自卑中的孩子认为自己不具备这种能力，因此也就无法承担自己的责任，变得胆怯软弱。

儿子刚刚上小学。一开始听说要去小学读书，儿子很开心，提前一周就开始做上学的准备了。可妈妈却发现，刚上学没几天的儿子，后来有些愁眉苦脸的，问他是怎么了，他却摇摇头，什么也不肯说，直到有一天，儿子拿着一次小测验的成绩单回到家，他很小声地问妈妈："妈妈，我是不是很笨啊？"

妈妈感到很诧异，便问："怎么会这么问呢？难道是没考好吗？"

"嗯。"儿子点点头。

妈妈本来还想安慰安慰儿子，可当打开成绩单后，眼都快看傻了。她认为儿子虽然不是很聪明，但也绝对不笨，怎么说在同龄小朋友当中，成绩也算是中上游，怎么会考了个不及格就回来了？

"为什么会考成这样？你怎么这么笨？"考题是儿子最喜欢的数学题，没道理会做错这么多啊？妈妈直觉认为，是儿子上小学后变得贪玩了，上课肯定没好好听讲。

想到这，她忘记了儿子一开始的问题，一脸严肃地开始教育起儿子来，还发下狠话，对儿子说："下次要是还考成这样，妈妈会把你的情况告诉爸爸，到时候你挨打了妈妈可不管。"

儿子张张嘴，欲言又止，妈妈瞅见了，还以为他要狡辩，连忙又说："别说是妈妈搞错了。妈妈回来的时候，正好遇到你的一位同学，他考得很好，你幼儿园的时候不是比他学习要好吗？为什么现在人家都能考好，你就不能！肯定是没认真学习。"

面对妈妈的训斥，儿子决定不再为自己争辩，低着头走进了自己房间。

从那以后，又有几次测验儿子的成绩还是很不理想，爸爸妈妈又急又愁，和儿子说话的时候，语气越来越差，到后来，爸爸妈妈发现，儿子越来越没有自信，更害怕站在人前说话。

妈妈觉得这件事情不能再拖了，便去学校找老师。谈话的过程中，妈妈了解到，儿子所在的班是尖子班，大部分孩子从小就开始接受各种各样的培训和教育，起点比其他孩子要高一些，所以老师上课的时候为了照顾大部分同学，课讲得比较深，对儿子来说，可能理解起来稍难了一些。

妈妈这才知道自己冤枉了儿子。而现在，班里的学习气氛给儿子的压力很大，使儿子越来越觉得，自己技不如人，低人一等。而爸爸妈妈不同原因的指责，使他深受打击，这才让他变得自卑起来。

相信每一个家长，都对孩子抱有坚定的信心和绝对的信任，但是很多家长却也认为孩子现在还需要学习，他们还什么都不会，什么都做不成功，因此希望自己能够随时提醒孩子，让孩子因为感到自己能力不足而发奋努力。但是家长的这种提醒似乎并没有取得理想的效果，反而让自卑之根深种在孩子的心里，阻碍孩子的成长。如何才能让孩子避免自卑的心理？这里有几点建议：

1.不要轻易给孩子"下定义"。

"你怎么这么没出息！""你太笨了！"诸如此类的话其实就是家长在给孩子"下定义"，家长断定孩子一定做不到或者不会成功。试想如果孩子时时被灌输这样的思想，那还能对自己充满信心吗？所以家长要注意自己的言行，孩子如果犯错可以批评然后指正，但是不能伤害孩子的自尊心，不能给孩子下定义，断言孩子的未来。

2.不要由小及大，将孩子的错误扩大化。

如果孩子一次没学会如何穿袜子，就断定孩子手脚不灵活，当面指责孩子"太笨"，那就是家长小题大做，将孩子的错误扩大化了。家长在批评孩子的时候要注意就事论事，不能由此及彼，由小及大，将孩子全盘否定，这样会打击孩子的积极性，让孩子失去信心。

3.给孩子展示自己的机会。

每个孩子都有表现欲，他们期望通过自己的行为得到父母的肯定和赞美，一旦成功，就会情绪高昂，以更大的热情投入自己的行动中去。家长要给孩子展示自己的机会，并且给孩子适当的鼓励和肯定，让孩子能够看到自己的优势和长处，用成功的喜悦和积极的心态消除自卑感。

蒙氏早教心经：

想要克服孩子内心的自卑情绪，家长首先要信任自己的孩子，要相信孩子是能干的，不要总把笨、不行等否定言语挂在嘴边，这样会在无形中打击孩子的自信心，让孩子变得自卑。

当孩子沉浸在某件事中时，家长不要随意打断孩子，让孩子专心把事情做完，家长再指出孩子做事过程中所犯的错误，帮助孩子纠正。

家长要放手让孩子自己做事，不要替孩子完成。这样能有效锻炼孩子的动手能力，让孩子在做事的过程中获得成就感，使孩子的信心加倍，自然能消除孩子内心的自卑心理。

当孩子有表现欲望的时候，家长要配合孩子，给予孩子一定的肯定和鼓励，让孩子在家长的表扬下获得自信，消除自卑感。

避免贪欲占据孩子的心田

蒙台梭利认为，如果孩子将自己依附于物质之上，将自己的心理能量和注意力转移，会打乱自己身心的协调能力和基本平衡，如此一来孩子的心理会畸变，一种阻碍孩子健康成长的力量就会滋生，这就是过分的占有欲。

孩子在3岁左右会萌生出占有欲。这是因为这一年龄段的孩子自我意识空前加强，对主体和客体也能够完全分辨清楚，对物品的所有者有了清楚的认识。而在这之前，孩子的心智发育尚待成熟，对主客体区分也不清楚，因此0到2岁的孩子对某一物品伸出手并且牢牢攥在手里的表现，仅仅是因为孩子的好奇之心。而如果孩子对某一物品持续强调着："我要！我的！"并且使出全力获得物品的所有权，当得到后又会毫不犹豫将其破坏掉时，家长就应该重视这种情况了。这说明孩子的占有欲正在悄然控制着孩子，让他的发展渐渐偏离健康的轨道。

有这样一个案例：佳佳在家里表现得很乖巧，但是当家里有其他的小朋友时，她经常会表现得很不友好。比如当别的小朋友看到她的玩具想要摸一下时，她会立刻大声阻拦："那是我的！不许碰！"一旦出现了新的玩具或者让孩子们感兴趣的东西，她又会立刻站出来声明主权："那是我的！我的！"

有一天姨妈家和她一般大小的孩子在家里做客，妈妈端出来洗好的水果，佳佳看到盘子里最大的一个苹果，立刻说："我要那个，那个是我的！"姨妈家的孩子也看到了这个诱人的苹果，于是也出声说："我也要，那是我的！"就这样两个孩子争相吵闹，最后妈妈训斥了佳佳，并且把苹果给了姨妈家的孩子。这时候生气的佳佳做出了一个惊人的举动，她跑过去拿起那个苹果丢到了垃圾桶里，并且生气地大声喊："我不给你！那是我的！我得不到也不许你得到！"看着佳佳突然的举动，姨妈家的小孩子吓得哇哇大哭。妈妈非常生气，也很着急，孩子这是怎么了？

孩子的这些举动正是因为她的占有欲过于强烈。对于自己想要得到的东西，孩子会像捍卫自己的生命一样来"保卫"它们。而强烈的占有欲根本不允许别人得到自己想要的，因此孩子就会做出破坏行为，以此来证明自己的决心，捍卫自己的"主权"。家长对孩子的占有欲要持有正确的态度，并重视孩子的这种心理。因为占有欲容易让孩子变得自私，锱铢必较，并且贪图小便宜。随着年龄的增长，这种占有欲还会有扩大的趋势，愈演愈烈，最终演变为孩子性格的一部分，让他失去本心，过于重视物质，甚至彻底沦为物质的奴隶，因为物质或者其他利益而失去自我。

孩子强烈的占有欲和家长的培养方式也有分不开的关系。有的孩子在家中说一不二，家长对孩子所有的要求一应满足，这会让孩子的潜意识里认为所有的东西都是"理所当然"地属于自己的，只要自己想要，随时都可以拿取。2到3岁正是孩子自我意识发展的鼎盛时期，如果家长没有把握好这一时期，就会让孩子无法正确判断"你的""我的""他的"等所属关系，对主体和客体无法树立正确的认识，这将会影响孩子未来的人格塑造、人际交往等各个方面，对孩子的成长非常不利。因此这里有几点建议给各位家长：

1.教孩子明白"你的""我的"是有区别的。

2岁多的孩子看到所有自己感兴趣的东西都只是想拿过来"研究"一番，家长就要从早着手培养孩子分辨清楚物品的所属关系。让孩子明白自己的东西和别人的东西是有区别的，教孩子不随便拿别人的物品，更不能将别人的物品据为己有。如果喜欢，可以像别人借，在征得对方同意后才可以拿走。

2.教孩子学会分享。

孩子如果体会到和别人分享的快乐，那么也就不会那么容易产生占有欲。比如让孩子给家里所有的人分水果，和自己好伙伴一起分享玩具。家长可以给孩子示范分享，比如将自己手中的零食和孩子一起分享，当孩子给自己分享东西时，家长要对孩子表示感谢和鼓励，让孩子体会到这种行为带来的乐趣，这样孩子才会乐于分享。

3.让孩子学会不对他人盲目艳羡，妄自菲薄。

家长也要教孩子能够专注于自己所做的事情，将注意力放在正确的事情上，这样孩子就不会过多关注别人，也不会对任何事物都抱有很强烈的占有之心。

4.家长要给予孩子足够的关注。

有时候孩子的占有欲其实也是一种对自我的表现。如果孩子感到自己没有得到家长的重视或者关注，孩子就会产生挫败感，他会想要做点什么，得到父母的关注。也正是因为缺失了这种关注，会让孩子将注意力放在其他事物上，好借此弥补自己内心的失落。因此家长要关注孩子的行动，给予孩子重视和肯定，得到父母肯定和赞扬的孩子会将更多的注意力放在正确的地方，这样便不会产生强烈的占有欲了。

蒙氏早教心经：

占有欲是每个人都会有的情绪，但过分的占有欲会让孩子表现出贪婪心，对孩子的成长和身心健康十分不利。

家长对于孩子过分的占有欲要持有正确的态度，既不要严厉批评，也不能放任不管。家长要从小就教孩子正确地理解"你的""我的"等词汇的含义，让孩子能正确判断这些词语的定义。

家长要让孩子从小学会分享。爱分享的孩子占有欲自然会减弱，家长要在孩子与他人分享东西时及时给予表扬和鼓励，让孩子体会到分享的乐趣，从而变得更乐于分享。

有时候，过分的占有欲只是孩子想要吸引家长注意力的小手段，家长要多给孩子一些关注，让孩子的内心充满满足感，自然就不会表现出强烈的占有欲了。

及时教孩子消除不必要的恐慌心理

我们这里所说的恐慌，并不是当孩子面临某种危险或者出于本能地自我保护所产生的恐慌，而是一种非正常的心理畸变现象，这种恐慌是不正常的，也是不必要的。但是在早教时期的孩子中，这种恐慌却是普遍存在的。比如有的孩子对黑暗有着不可名状的恐慌，有的孩子不敢一个人待在房间里，对独处有着非同一般的恐慌。蒙台梭利认为，孩子的这些恐慌心理可能是由于曾经的经历留下的强烈冲击。这种冲击使孩子在潜意识里对诸如黑暗、孤独等产生强烈的恐惧，并且这种恐惧伴随着孩子的时间越长，对他们造成的负面影响也就越多。

蒙台梭利认为，孩子会产生这些不必要的恐慌心理的原因和成年人对孩子的影响是分不开的。因为受限于年龄和学识，孩子对许多事物和现象的认知都是空白的。而家长正是利用了孩子的这种无知，利用种种现象，给孩子制造恐慌，借此来达到自己的目的，让孩子更加听话，也让原本依赖家长的孩子能够更加服从家长，减少给家长造成的"麻烦"。

但是家长的这种做法对孩子造成了非常恶劣的影响。让孩子整天包围在恐惧之中，长此以往，会让孩子变得胆小、怯懦，让孩子在面临问题时容易退缩，甚至对孩子的性格塑造、身心健康成长都造成负面的影响。

在蒙台梭利的"儿童之家"里，有四个来自西班牙家庭的小姐妹，她们四个人中，只有最小的妹妹对打雷不感到恐慌。而她的三个姐姐每当打雷时都会吓得蒙在被子里瑟瑟发抖。每当这时，这位勇敢的小妹妹就会跑到惊慌失措的姐姐们身边，安慰并且鼓励她们。

当孩子面临不必要的恐慌时，安慰和陪伴能够消除一部分恐慌，但是这种恐慌产生的根源是孩子对自然现象或者某些事物的了解非常模糊，再加上父母如果利用孩子的模糊印象恐吓孩子，那么这种恐慌也就在孩子心里产生了。作为家长，要义不容辞地帮助孩子克服这种恐慌，帮助他们健康成长。这里有几点建议：

1. 家长不要刻意吓唬孩子。

孩子的很多恐慌心理都是被家长吓唬所造成的。比如家长会对哭闹的孩子说"狼来了"，或者"再哭把你关到小黑屋里去"等吓唬孩子的话，年幼的孩子会信以为真，并且由于恐惧停止哭闹，这对大人来说解了一时之围，却在孩子幼小的心灵里形成恐慌的阴影。因此作为家长，要注意不要轻易吓唬孩子，不要让孩子对某种事物怀有深刻的恐惧，这会成为孩子成长的障碍。

2. 分散孩子的注意力。

如果孩子对某种事物特别恐慌，那么他也会格外关注令自己不安的因素。但是越注意就会越害怕。所以家长要帮助孩子分散注意力，不要让孩子过于关注自己恐惧的对象，这样能够减轻孩子的恐惧心理。

3. 教孩子用科学的眼光来看周围的环境和事物。

孩子的恐惧也是由于对周围环境或者某些事物的无知。比如有的孩子害怕雷声，因为他们不理解打雷是一种正常的自然现象，这并非是如神话传说中的"天神发怒"或者"来抓坏孩子"，而是雷雨云中的放电现象。所以要消除孩子对这种事物的恐慌，就需要从科学的角度给孩子解释事物的成因，让孩子看到自己所恐惧的事物其实并不可怕。如此一来孩子就能逐渐消除恐慌心理。

4.家长不要将自己的恐慌心理传染给孩子。

有的孩子特别害怕老鼠，因为自己的妈妈就对老鼠唯恐避之不及。这就是家长带给孩子的影响。所以作为家长，要尽量避免在孩子面前流露出自己的恐慌情绪，以免传染给孩子，让孩子也感到莫名的恐慌。

这些不必要的恐慌情绪归根结底都是孩子对环境的认识不够清楚和深刻所导致的，如果孩子能够认清事物的本质，并且理解事物之间的相互联系，那这种恐慌心理也就能够被克服。所以家长在安慰孩子的同时，更要让孩子从本质上认清事物，避免孩子产生不必要的恐慌心理。

蒙氏早教心经：

孩子出现不必要的心理恐慌和家长有直接关系。当家长没有给孩子足够的关注和关爱，孩子就会缺乏安全感，继而出现不必要的心理恐慌，对孩子的成长和身心健康很不利。

家长要避免用恐吓式的语言来吓孩子，虽然这样一来家长会很轻松，觉得孩子一吓就听话了，但长此以往，会对孩子的心理造成严重损害，让孩子变得胆小，甚至出现不必要的恐慌心理。

家长要给孩子充分的关爱，当孩子出现不必要的恐慌情绪时，家长要多陪在孩子身边，帮助孩子消除恐慌心理。

家长在和孩子相处的过程中，也要注意不要把自己的弱点传染给孩子，要给孩子树立一个高大的形象，成为孩子心灵上的有力寄托。

帮孩子摆脱对父母过度的心理依赖

父母是孩子最亲近、最信赖的人，孩子的成长也离不开父母的精心照顾。

因此孩子对父母的依赖是与生俱来的人之常情。但是如果孩子事无巨细都需要父母的帮助，那么就会容易让孩子产生过度的依赖心理，这对孩子的成长是极为不利的。

蒙台梭利认为，父母陪伴孩子吃饭、睡觉、做游戏，并且应孩子的要求一刻也不离开他们，这种行为看上去是爱孩子的表现，但长此以往，会让孩子失去对事物的主观判断，变得没有主见，也没有自己的意愿，甚至不再主动思考。孩子对父母赋予自己的意志和所做的要求也会乐于接受，而如此一来，父母便很有可能会将自己的意志强加在孩子身上，导致孩子性情冷漠，对任何事情都漠不关心，这种冷漠中也包含着懒惰和反应迟缓。

> 豆豆性格比较懦弱，从小就对爸爸妈妈过度依赖。从豆豆刚开始学走路的时候，她就一直要握着爸爸或妈妈的手才行，否则就不敢迈步。一直到豆豆快两岁的时候，才渐渐放开了爸爸妈妈的手。那个时候，豆豆的爸爸妈妈并没有觉得孩子这样做有什么不对，反而对于女儿的依赖感到开心和自豪，见人就夸豆豆是爸爸妈妈的贴心小棉袄。直到豆豆四五岁了，出门还总是要爸爸妈妈牵手或者抱着，他们才意识到孩子可能太依赖他们了。不仅如此，豆豆在日常生活中也是能靠爸爸妈妈解决的事情就绝不自己动手，甚至已经快五岁了，还要爸爸妈妈喂饭才肯好好吃饭。豆豆的父母感觉这样下去对女儿的成长很不利，就决定一定要改掉女儿过度依赖父母的毛病。
>
> 首先，爸爸给豆豆立了规定：自己的饭要自己吃，否则就饿着。一开始豆豆也哭也闹，还真的被饿了两顿饭。豆豆的父母虽然十分心疼，恨不得马上拿起勺子给孩子喂饭吃，可他们最终还是狠下心来，等到第三顿饭的时候，父母终于看到豆豆主动拿起了饭勺。那一刻，豆豆妈妈差点哭出来。就这样，豆豆的父母一点一点地给豆豆立规矩，慢慢引导她自主做事，每一天减少一点儿她对父母的依赖，让她摆脱懦弱的性格，变得自强自立。

案例中的孩子对父母依赖过甚，导致孩子的独立性和自理能力降低，经过父母的强行改正，孩子对父母的过度依赖有所减少。但是生活中仍然有父母对孩子的过度依赖持包容态度，认为孩子的依赖正是对父母爱的体现。更有的家长乐意孩子因为依赖自己而变懒一点儿，因为这样孩子就不会过多地干扰父母的工作和生活。但是从孩子的长远发展来看，这无疑是很不正确的观点。

孩子之所以会对父母产生过度依赖的心理，很大一部分原因在父母身上。因此父母要防患于未然，避免孩子对自己的过度依赖。这里有几点建议：

1.给孩子适当的自由，让孩子自己动手。

孩子需要一定的活动空间，如果家长能够让孩子自己动手做一些力所能及以及孩子感兴趣的事，让孩子能够乐在其中，感受自己动手的美好，这样能调动起孩子的热情，引起孩子的好奇心，让孩子从被动接受到主动动手，避免滋生过度依赖的心理。

2.家长不做包办一切的"奴隶"。

家长对孩子的照顾并不是要为孩子包办一切，父母的爱也不是体现在给孩子"衣来伸手饭来张口"的生活。因此要想克服孩子对家长的过度依赖，首先家长自己要摆正心态，管住自己的手，不做包办一切的"奴隶"。

3.家长要相信孩子，指导、鼓励孩子。

在孩子的人生路上，家长的角色是引导者，孩子的成长离不开家长的指导和鼓励。同时家长也要对孩子有足够的信心，相信孩子可以有自己的见解，可以独立做出判断，而不是主观地将自己的意志灌输给孩子，让孩子失去自己做决策的机会，进而变得懒惰，过度依赖父母。

蒙氏早教心经：

孩子对家长过度依赖会让孩子成长为一个没有自我，懦弱无能的人。想要让孩子摆脱对家长的过度依赖，家长就要学会放手，狠下心，让孩子试着"离开"家长。

家长不要做包办父母，不要让孩子成为家长的"奴隶"，这样只会让孩子对家长产生依赖心理，做任何事情都离不开家长的帮助。

家长要学会相信自己的孩子，放手让孩子自己的事情自己做，做一个成功的引导者。

第八章

社交沟通，
孩子成长的必修课

让社交礼仪渗入孩子的生活中

在《蒙台梭利日常生活教育及教具操作手册》中，蒙台梭利对孩子的很多社交活动给予了指导。在她看来，社交礼仪是孩子迈入社会、与人交往的基础。只有懂得并遵守相关礼仪，才能与他人进行良好的沟通和交往。

丹丹是个漂亮的小姑娘。她是家里的独生女，从小就得到了全家人的宠爱，像一个小公主。

在家里，对于丹丹的要求，父母总是尽量满足。不仅如此，对于丹丹的行为，父母很少干涉，即使丹丹做得并不好。比如丹丹经常缺乏礼貌，父母的同事来家里做客时，她很少主动称呼和问好，即使父母督促她，她也不说话；丹丹喜欢看电视，还总是把音量调得比较大，即使家里有人睡觉，她也很少把音量调低。丹丹很少说"对不起""谢谢你"之类的话，有一次她把家里的碗打碎了，却没有向妈妈道歉。妈妈也没有批评她，反而安慰她。

后来，丹丹上幼儿园了。可她依旧我行我素，日常的礼仪要求很少能做到，别人帮了她也得不到她的感谢。渐渐地，小朋友们都不喜欢跟她玩了，丹丹几乎一个朋友都没有。

上例中，丹丹的行为缺乏礼貌，父母却没有多加教导，而是由着丹丹的性子。结果导致丹丹没有学会日常礼仪，小朋友们不喜欢她，社交上遇到障碍。

在蒙台梭利看来，孩子真正意义上的社交生活并不仅仅是与同学坐在一起，相安无事地听课或一起玩。她认为，真正的社交是大家的生活井然有序，孩子举止得体，懂得尊重、体谅他人。蒙台梭利指出，孩子的行为是需要训练的，他们的言行举止需要得到规范。

1.社交礼仪是社交沟通的基础。

社交礼仪到位，才能给人留下良好的印象，社交才能顺利展开。对儿童来说，学会日常生活中的礼仪更为重要。蒙台梭利认为，2~6岁的儿童正处于社会规范的敏感期，社交习惯就在此时打下基础。如果这时没让他们养成好的习惯，日后很难纠正。因此，家长要重视对孩子礼仪的培养和训练。

2.家长要注意规范自身的行为。

2~6岁的孩子对社会规范较为敏感，很容易模仿他人的行为举止。因此，要想培养孩子的礼仪，家长首先要注意自己的言行举止，给孩子做好榜样。

3.教孩子注重仪表。

一些孩子，尤其是男孩，喜欢玩闹，对仪表不太重视，衣服上经常有污渍。对此，家长要教导他们，让他们明白，外表是一个人精神面貌的外观体现。首先要卫生，这是基本要求，衣服有污渍时就要换洗；其次要整洁，头发、衣饰不能乱。此外，家长还要告诉孩子，衣着打扮要视场合而定。

4.教孩子礼貌用语。

"谢谢你""对不起""请""没关系"等礼貌用语是孩子必须学会的。这不单单是礼貌表现，更关系到对他人的尊重和体谅。家长要教孩子学会这些用语的使用方法，并让孩子学会各种礼貌称呼。一些孩子不懂得称呼别人，甚至由于害羞等原因会产生抵触感，这时，家长不要采取强硬态度，应耐心向孩子说明，让孩子逐渐懂得礼貌地称呼他人；也可以在家中与孩子进行角色扮演，由父母扮演他人，训练孩子与别人交流的能力，同时让孩子学习各种称呼。

5.与人交谈要注意言谈举止。

父母要让孩子学会真诚地与人交流。与人交谈时要正视对方，认真倾听，不要打断别人说话，更不能在他人说话时东张西望，站姿和坐姿也要注意。家长还要教孩子学会餐桌上的礼仪，比如保持桌面整洁、不要发出声音、不与人争抢食物、要等长辈和客人动筷后自己再吃等。一些家长有边吃饭边聊天的习惯，尽量不要这样做，以免给孩子造成不好的影响。

6.让孩子学会基本的社交见面礼仪。

家长要让孩子学会如何与人问好、道别，可以先与孩子演练几次。还要告诉孩子，在公共场所不要大声喧哗，以免打扰别人。还应教孩子一些相关技能，如父母不方便接电话时孩子要去接电话，在电话中应如何与人交流等。

除此以外，家长还可以通过图书、视频教程以及与孩子互扮角色等方式，教孩子懂得一些基本礼仪，如在公交车上要给需要的人让座，排队时不能插队、开门关门不要太大声等，要让孩子懂得为他人考虑，能够成长为一个懂礼貌的人。

蒙氏早教心经：

1.社交礼仪是孩子迈入社会、与人交往的基础，只有懂得并符合相关礼仪要求，孩子才能与他人进行良好的沟通和交往；

2.家长要注意规范自身的行为，不要给孩子造成负面影响；

3.教孩子注重仪表，要干净整洁；

4.教孩子礼貌用语和称呼；

5.与人交谈要注意言谈举止，公共场合的行为更要多加注意；

6.让孩子学会基本的社交见面礼仪。

在亲密的氛围中锻炼孩子的社交能力

在蒙台梭利的教育思想中，环境对孩子的影响是重要研究内容。在社交沟通上同样如此，家庭环境和氛围对孩子的表达能力、理解能力都有很大的影响。因此，家庭氛围关乎孩子的社交能力。

娜娜是个文静的小姑娘。5岁的她不像其他小伙伴一样喜欢玩闹，总是安安静静地待着。她甚至有些怯懦，不敢与别人说话。

娜娜的性格与她的家庭环境有着很大的关系。娜娜的父亲是一个很严肃的人，甚至有些传统。在家里，娜娜不能跳舞、唱歌，因为爸爸不让；有时，娜娜让爸爸给自己讲故事，爸爸却把她斥责一顿，还说讲故事对她的学习并没有帮助，让她不要浪费时间；有时，娜娜从幼儿园回家后，想把当天开心的事情讲给爸爸听，但她得不到爸爸的回应，爸爸显得很没兴趣，有时还会嫌弃娜娜的表达能力。

　　渐渐地，娜娜不敢再与父亲说话了。每次爸爸问她问题，她都会很紧张，回答问题时甚至会结巴。不仅如此，跟其他人在一起时，娜娜也不敢多说话，生怕遭到批评。有的小伙伴想找她一起玩，虽然她心里其实很想与大家一起交流、玩耍，却会由于胆怯而拒绝。

　　上例中，爸爸由于过于严肃导致家庭氛围紧张，使娜娜的表达受阻，逐渐变得不敢表达，导致她的人际交往受到影响。

　　在生活中，一些家长对孩子的要求比较严厉，对待孩子的方式严肃、紧张，导致家庭氛围也变得紧张。长此以往，孩子的个性得不到舒展，表达也会受到影响，可能会像上例中的娜娜一样，逐渐失去表达的欲望和勇气，这对他们的成长和人际交往是不利的。

　　蒙台梭利认为，正在成长的儿童需要温暖、充满爱的环境，这样孩子的潜能才能得到激发，能力才能提高。社交能力同样需要丰富的环境土壤。家庭氛围和风气是进行家庭教育的前提条件，或者说，良好的家庭氛围本身就是一种教育方式。如果说孩子是一颗种子，那么家庭就是土壤，家庭氛围就是种子生长所需要的水分和阳光。因此，为了训练孩子的社交能力，使他们养成勇于表达、懂得倾听的好习惯，家长要重视家庭氛围的建设。

　　1.不要过于严肃，营造轻松、温暖的家庭氛围。

　　家庭氛围对孩子的心理影响较大。如果家庭氛围比较紧张、严肃，孩子的内心往往也会紧张，得不到放松，这是不利于他们的社交能力的培养的。相反，如果家庭环境轻松、温暖，孩子的内心会得到安全感，会有勇气表达自己的想法，社交能力就能够得到增强，这也有助于他们的人际交往。

　　2.家庭成员之间相互尊重，营造亲密的家庭关系。

　　家庭成员之间的人际关系决定了家庭的氛围和孩子的心理情况。家庭成员之间越亲密，家庭就越稳定，孩子的安全感就越强，与人交往时也越容易建立友好的关系。因此，在日常生活中，家庭成员间要尽量避免在孩子面前发生冲突，营造和谐、亲密的家庭关系。

　　3.多与孩子进行交流与互动。

　　如今，随着生活节奏的加快，很多父母没有时间和精力与孩子交流。其实，父母是孩子最好的老师，他们与孩子的互动往往会影响到孩子与他人的交往。家长要多与孩子交流、互动，了解孩子的内心需求，缩短心理距离，增加共同语言，避免心理隔阂的出现。在与孩子交流的过程中，家长也锻炼了孩子的表达、倾听能力，为孩子的社交打下了良好基础。家长可以与孩子一起做家务，在此过程中让孩子讲讲幼儿园有趣的事，并且要表现得很感兴趣，给孩子以回应和鼓励；还可以与孩子一起玩游戏，或是与孩子一起看故事书并交流心得。

4.别对孩子过于严格，对他们的期望值不要过高。

在训练孩子的社交能力的过程中，有的家长对孩子要求过高，发现孩子的表现不尽如人意时便会冲孩子发火，缺乏耐心。比如当孩子的表达不流畅时，一些家长便会催促他们表达，还会责怪他们的表达能力差，表现出自己的不耐烦。这对孩子来说是一种打击。他们的各项能力正在成长发展中，尚不能很好地与人交流，这时的他们需要的是鼓励和引导，而不是一味地批评。因此，家长不要对孩子寄予过高的要求，发现孩子的不足时指出并加以引导即可，要给他们成长的空间和时间。

蒙氏早教心经：

1.家庭环境和氛围对孩子的表达能力、理解能力有很大的影响；

2.充满温暖和爱的环境能够激发孩子的潜力；

3.家庭氛围要轻松、活泼，家长不要过于严肃；

4.家庭成员之间要互相尊重，营造亲密的家庭关系；

5.多与孩子沟通交流，玩角色扮演的游戏；

6.不要对孩子要求过高。

让孩子在混龄交往中学会社交

孩子在成长的过程中会接受到来自生活中各个方面的刺激，这些刺激会激发孩子的好奇心，孩子会自发地模仿、学习这些刺激。根据这个现象，蒙台梭利提出了混龄教学。蒙台梭利认为在孩子成长的过程中，不同年龄、不同性格的孩子之间相互交往，相互模仿，可以帮助孩子养成乐于助人、共同合作等社会行为，还可以培养孩子与人交往的技巧，提高情商，克服孩子以自我为中心的缺点。

孩子的性格以及情商会伴随孩子的一生。这些东西的形成与孩子的早期教育有关，并且一旦成型便很难更改。因此帮助孩子学会与人交往的技巧，形成孩子自信、乐观、善良的性格是非常重要的。

楠楠今年四岁了，他的爸爸妈妈平常工作忙，来不及照顾孩子，就把楠楠送到托儿所。渐渐地，楠楠妈妈发现楠楠的性格有点唯唯诺诺的，楠楠妈妈想把孩子培养得果敢一点，所以平常总教育楠楠讲话要吐字清晰，声音要大一些，可是一直没用。后来由于工作的关系，楠楠被妈妈转到了一所国际幼儿园，由于这家幼儿园是混龄教学，楠楠的妈妈本来还有些担心，但是很快楠楠的妈妈发现孩子和以前不一样了，知道清晰地说出自己的要求，遇见阿姨叔叔可以礼貌地问好，动手能力也比以前强了。

楠楠是个很好的例子，他在混龄教学中遇见了年纪大的哥哥姐姐，这些哥哥姐姐帮助楠楠，让他学会乐于助人、共同合作。班级里比楠楠年龄小的孩子让楠楠学会爱护幼小，充满爱心，渐渐地楠楠越来越自信，越来越开朗。当然，和这些不同年龄、不同性别、不同性格的孩子相处也让楠楠学会了怎样与他人交流沟通，让楠楠更健康地成长。

蒙台梭利的混龄教学认为孩子在成长过程中与不同年龄、不同性格的孩子相处，更有利于孩子们长大后更好地适应社会，能够更加完善地发展孩子自身的性格，培养孩子自信、乐观、合作、互相帮助等良好品质。

幼儿时期是孩子建立人格，完善自身发展的重要时期，这个时期的孩子虽然在发展水平上存在差异，但在发展目标上却有一些共性。因为有了共同的发展目标，所以孩子虽然存在一些差异并不是问题。相反，孩子会因为这些差异学到很多，还会打破孩子以自我为中心的思想。

在不同年龄孩子共同相处的过程中，年龄小的孩子和年龄大的孩子一起参与游戏，这之间的影响是相互的。年纪大的孩子学会帮助年纪小的孩子，年纪小的孩子喜欢模仿年纪比自己大的孩子，他们也会学着去帮助别人，相互合作。而孩子们会因为这些行为得到表扬，感受到快乐，便会继续将这种帮助传递下去。与不同性格的孩子相处，孩子也会得到来自其他孩子的刺激信息。个性内向的孩子和开朗外向的孩子相处会越来越乐观。乐观的孩子在与其他孩子的接触中也能锻炼自身的口才等能力。

父母在帮助孩子与不同年龄、不同性格的人进行交往的时候，不要横加干涉。当然，如果孩子与人交往产生了问题，父母首先要观察孩子是否可以独立解决，如果孩子不可以，父母了解情况后要对孩子进行辅助帮助，如果还解决不了，父母再出面帮忙。另外孩子与年龄大的孩子交往，往往会产生自己不如哥哥姐姐这样的想法，父母要鼓励孩子向优秀的哥哥姐姐学习，帮助孩子完善自身。另外要注意孩子是否会遭到年纪大的孩子的欺负，如果发现这种状况，也要及时、合理地帮助孩子解决这个问题。

同时，父母在鼓励孩子与不同年龄、不同性格的孩子交往的过程中，要注意孩子周围的人和事。因为孩子本身还没有树立正确的人生价值观，社会上的不良信息无处不在，孩子在还没有明辨是非的时候容易学到不好的东西，此时，父母一定要给予帮助。另外要注意，在与多个孩子相处的过程中，孩子容易产生争强好胜的心理，父母一定要给孩子树立正确的价值观，帮助孩子更好地成长。

蒙氏早教心经：

家长要让孩子接触不同年龄段的人群，这样能锻炼孩子的社交能力，让孩子从小就学会和不同年龄、不同性格的人相处。

多和不同年龄、不同性格的人接触会让内向的孩子逐渐变得开朗，让胆小的孩子变得不再胆怯怕生，家长要在孩子与人接触的过程中多动口，多动脑，既能提高孩子的社交能力，还能锻炼孩子的口才。

孩子有一定的自主能力，家长要让孩子自己选择想要和哪个年龄段的人相处，不要过多地干涉孩子的社交活动。

家长要在孩子与他人相处时给予一定的肯定和支持，要多鼓励孩子与他人相处。

让孩子从小学会与人分享

　　蒙台梭利早教法中提出了一种独特的教育环境叫蒙氏教室，蒙台梭利认为，应将教室变成社会的小雏形，让孩子在其中学会如何尊重别人，接受别人，学习如何分享自己的东西，包括自己的所有物以及自己学会的知识技巧。蒙台梭利认为，将教室变成一个小社会，更有利于培养儿童的情感和智商。

　　孩子在生活中总是需要和他人交流，而在交流的过程中，学会分享是必不可少的。尤其是成人之后，分享与合作是必需的。但是分享不仅仅只局限于物品，让孩子学会与他人分享自己的智慧、分享自己的心情更是重中之重。但是，分享这种行为不是生来便有的，孩子在早期形成的行为会影响孩子的一生，因此，父母要在孩子幼儿时期就培养孩子养成良好的行为习惯，为孩子的成长打下良好的基础。

　　小远今年四岁了，但小远最近总是哭闹着不愿意上幼儿园，说小朋友不愿意理他，小远的爸爸妈妈对此很不理解。前段时间，小远还是每天都高高兴兴地上幼儿园，说他在幼儿园里和大家一起做游戏，小朋友还分给他零食。可是不到两个星期就变成这样，小远的爸爸妈妈觉得是学校出了问题。在送小远去幼儿园的时候，小远的妈妈找到了小远的老师，问她到底是怎么回事，还猜测小远是不是被欺负了。小远的老师告诉小远的妈妈，班级里的每位同学每天都会带些零食，老师为了帮助小朋友学会分享，就鼓励小朋友分享食物，但是小远每次都不会带食物，还总是说想吃，久而久之，别的小朋友都不愿意再和他分享食物了。小远的妈妈听后说，她本来为小远准备了零食，但是小远嫌重，不愿意背，后来就不再准备了。后来，在小远妈妈的劝说下，小远每天带着食物到幼儿园，和小朋友一起分享食物，很快就又和其他小朋友打成一片了。

　　小远的行为是经常发生在幼儿身上的一个典型例子，孩子在幼儿时期还不懂得什么叫分享，因此并不觉得不分享东西有什么不对，但是长此以往，就会发生小远在幼儿园里的情况，渐渐地与其他孩子产生矛盾。

蒙台梭利认为孩子在幼儿时期学会分享是会影响孩子一生的。幼儿时期是塑造孩子人格的最佳时机，这个时期孩子接收到的信息会对孩子的心理产生巨大的影响。孩子在幼儿时期会萌发与人交往的意识，而学会分享是与人交往中非常重要的一项。所以，父母要帮助孩子理解分享这种行为的重要性，帮助孩子学会分享。

要想帮助孩子学会分享，父母首先要明确孩子不愿意分享的原因。比如很多孩子不愿意分享自己的玩具是因为觉得玩具一旦分享出去就没有了，这个时候父母要帮助孩子明白玩具是他的，别的小朋友只是玩一会儿，玩完了就会将玩具还给他，帮助孩子明白，这种失去只是暂时的，玩具最后还会是他的。同时，父母可以告诉孩子，如果他征得了其他小朋友的同意，也可以玩其他小朋友的玩具，但是最后还是要还回去。这个过程中孩子会逐渐体会到分享这种行为的乐趣，培养孩子与他人交往的能力，同是明白了所有权的问题。

分享的行为除了分享物品，还要学会分享知识与心情。很多孩子在成长的过程中，不愿意将自己学到的知识分享给别人，这个时候父母就要告诉孩子将知识分享出去不仅自身会更理解知识，还可以帮助别人，让孩子明白知识的分享是一件美好的事情。另外，很多孩子由于各种原因不愿意分享自己的心情，但是这种行为也会让孩子变得更加内向，遇到这类问题，父母不要急于询问孩子怎么了。首先给孩子一个温馨的环境，让孩子产生安全感，然后给孩子鼓励，让孩子主动分享出自己心情。

当有其他孩子想要借自己孩子的玩具时，许多父母会先替孩子答应，然后再告诉孩子要学会分享。但是，这种做法是不可取的。在让孩子学会分享的过程中，父母首先要尊重孩子的意愿，无论分享什么东西，都要先征求孩子的建议，如果孩子不愿意，再加以劝说。如果孩子仍旧不愿意，也要给孩子拒绝的权利。事后向孩子问清楚不愿意分享的原因，根据原因采取合适的措施。

无论何时，父母都是孩子最好的老师。所以在孩子学习分享时，父母首先要给孩子树立好榜样，给孩子一个学习的典范。孩子看见父母这样做，就会模仿父母，自然而然地学会分享。

蒙氏早教心经：

　　孩子的社交圈也是一个小社会，需要学会与人和平相处。想要让孩子在这个小社会顺利生活，家长要提高孩子的社交能力，首先要让孩子学会尊重他人，学会与人分享。

　　分享是一种美德，也是孩子融入小社会的首要条件。家长要从小培养孩子养成分享的好习惯，让孩子在分享中学会和他人和平相处，帮助孩子在分享中获得成就感。

　　如果孩子对分享自己的东西很抵触，家长也不要心急，要问清孩子不愿意分享的原因，再对症下药，慢慢引导孩子学会分享。

让孩子在角色扮演游戏中提高社交能力

　　在蒙台梭利的教育理念中有一条叫作完全人格培养，意思是幼儿教育的目的是为了帮助孩子正常化。换句话说，幼儿早教是为了帮助孩子培养自己的人格，父母和老师的目的是在于协助孩子培养人格，并且尽可能地帮助孩子把人格培养得更加完善。蒙台梭利认为，0到6岁的孩子在不同的成长阶段会对不同的事物产生偏好，并称这段时期为"敏感期"。敏感期的孩子对于自己所偏好的东西具有极强的学习能力，而这段时间也是塑造人格的黄金时期。

　　孩子在敏感期的时候，对于一切都充满了好奇，但是孩子的人生观、价值观都还没有完全树立，他们不知道是非对错，对于知识道理也还处于懵懂阶段，因此，游戏是他们获得知识、道理、价值观的重要途径。孩子们可以通过游戏获得社会的价值观，在游戏中明白什么是对，什么是错，所以，父母陪伴孩子玩游戏是非常重要的。

　　文文今年四岁，个性活泼开朗，是个人见人爱的小姑娘，但是一年前文文可不是这个样子。文文两三岁的时候，由于父母工作忙，文文就被送到了托儿所，很少和爸爸妈妈交流，更别说一起玩游戏了。过了半年时间，文文的妈妈突然发现文文有点不对劲，别的孩子到了三岁，已经可以完整地说长句子了，可文文还停留在两岁时的水平，没什么长进，而且文文对于什么都淡淡的，没有兴趣。后来文文的爸爸妈妈带文文去看了幼儿医生，医生了解情况后，告诉爸爸妈妈，孩子在小的时候与父母在一起交流是非常重要的，希望文文的爸爸妈妈可以多陪文文玩游戏。文文的父母按照医生说的，抽出时间陪文文玩游戏，到了四岁的时候，文文已经变回以前开朗的样子了。

蒙台梭利认为，在孩子的幼儿时期，玩游戏是孩子成长过程中重要的一步。父母与孩子玩游戏不仅让孩子在游戏中得到了快乐，还可以在这个过程中与孩子交流，更加完整地了解自己的孩子。在游戏的过程中，孩子的好奇心得到满足，这促使孩子主动学习，主动探索，从而调动孩子对于学习的积极性。游戏中，孩子需要与父母或他人交流，这可以促使孩子主动交往，学会控制自己的言行，提高孩子的社交能力。

在很多父母眼里，陪孩子玩游戏是一件幼稚的事情，更何况对于上了一天班、疲惫的父母来说，到家后都希望好好休息，很少愿意陪孩子玩游戏。但是游戏对于孩子的影响不仅仅是玩耍那么简单，所以，父母们一定要抽出时间陪孩子玩游戏。但是对于另外一些父母而言，他们愿意陪伴孩子玩游戏，但是用自己儿时的游戏去与孩子交流时，难免会产生代沟。这时，父母可以和孩子玩一些角色扮演的游戏，故事的剧本很简单，可以来源于孩子的睡前故事，也可以来源于动画片、电视剧等。

在游戏中，父母要尽可能地与孩子进行角色互换，父母尽量扮演一些弱小的角色，将主角留给孩子，这样孩子在游戏中会感到自信。这种自信会通过游戏传递给孩子，让孩子在生活中有足够的勇气表达他自身的想法。而且，在游戏的过程中，孩子的好奇心会被调动起来，会让孩子主动去学习，去探索。

做游戏的时候，剧本中的许多道具是家庭生活中没有的，这就需要父母帮助孩子想象。用桌子、椅子代替故事中的大树，用一条围巾代替故事中大侠的披风，这些细小的细节累计起来可以增强孩子的想象力，孩子要选择的种类越多，想象和创造的空间越大。另外，在角色扮演的过程中，孩子通过扮演比自己年龄大的人物角色，可以帮助孩子习惯更加成熟的思维与言行。

很多父母担心与孩子这样玩游戏，会失去父母在孩子心中的发言权，但是这种担心是没有必要的，孩子的笑声已经表明孩子对父母的信任。当然，孩子可能会因为兴奋而缠着父母，但游戏过后，孩子会对父母更亲近。有的时候父母会胳肢孩子，虽然可能当时孩子很高兴，但是那会让父母在无意中占了主导地位。另外，父母不要把游戏的时间完全交给幼儿园或老师，无论何时，父母对于孩子的影响是不可替代的，父母与孩子之间的信任都是通过交流一点一点建立起来的，所以，在孩子成长的过程中，请多陪孩子玩游戏，多与孩子交流。

蒙氏早教心经：

一个拥有更加完善人格的人在社交中会更最欢迎。因此，家长要从小完善孩子的人格，让孩子在社交生活中领先一步，更能受到他人的欢迎和肯定。

完善孩子的人格能有效地提高孩子的社交能力。家长可以通过一些角色扮演游戏来完善孩子的人格，提高孩子的社交能力。在游戏中，家长可以和孩子互换身份，在游戏中了解孩子的想法，用弱小的身份来激发孩子的勇气和自信。

放手，在玩耍中培养孩子的独立性

蒙台梭利认为，自立能让儿童获得身体上的独立，自由选择的能力会让儿童获得思想上的独立。

孩子学会了独立，才能在社会上生存。独立是父母对孩子的期望，也是孩子在成长过程中最困难的一件事之一。孩子在成长过程中难免会依赖父母，父母也会因为担心孩子，而对孩子的成长进行干预。但是孩子不可能一辈子依赖父母，因此，作为父母一定要在孩子的成长过程中逐渐地教会孩子独立。

丽丽今年五岁了，生性开朗活泼，人见人爱，只是丽丽总是不敢自己独立去完成事情。妈妈让丽丽去楼下超市买瓶酱油，丽丽一个人不敢去。爸爸让丽丽到楼下的信箱里拿一下信，丽丽还是不敢，晚上也不敢自己睡觉，不管干什么，她总是要和爸爸妈妈一起，爸爸妈妈为此很头疼。丽丽的爸爸妈妈试过鼓励丽丽，教育丽丽，结果都没有用，丽丽的爸爸妈妈为此很沮丧，不知道该怎么办才好。

后来丽丽的爸爸妈妈和育儿专家进行了交谈，原来丽丽这么黏着父母的原因竟然来源于父母本身。原来丽丽两三岁的时候，丽丽的爸爸妈妈因为害怕丽丽独自一个人出什么事故，不管丽丽干什么总是有个人在丽丽身边，久而久之，养成了丽丽依赖父母的习惯，不敢一个人做事，不习惯一个人做事。后来在育儿专家的帮忙下，丽丽的父母渐渐培养丽丽一个人独立完成事情的能力，最后丽丽终于可以一个人独立完成事情了。

丽丽的故事给广大溺爱孩子的父母提了个醒，孩子在成长过程中，不能事事都有父母陪伴，事事都由父母安排，这会逐渐养成孩子的依赖心理，对孩子产生不好的影响。

蒙台梭利认为培养孩子的独立性是孩子成长过程中非常重要的事情。尤其是在孩子3到6岁这段时间中，正是培养孩子人格的重要时期，因此父母一定要按照科学的方法培养孩子，不能过分溺爱孩子。

在孩子的成长过程中，由于孩子年纪小，很多父母都会对孩子产生过度保护，这是不正确的。比如孩子们之间玩耍，自己的孩子被年纪大一点儿的孩子推了一下，很多家长心里都会感到自己的孩子被欺负了，甚至会把自己的孩子抱走，不再让孩子和其他孩子玩耍。但其实孩子远远没有父母想象的那么脆弱，孩子们之间的交往往往是很单纯的，可能他们上一秒还在吵架，下一秒就会抱在一起，父母用大人的眼光看待孩子之间的问题，出手"保护"，这反而会让孩子失去很多与他人交往的机会，让孩子独立处理这类事情，父母会发现孩子其实是很坚强的。

很多父母在培养孩子的时候都会尽自己最大的努力，但这也不可避免地把自己的想法强加到了孩子身上。比如父母举着图片问孩子看到了什么，很多父母等不及就会替孩子回答，说："你看这里有树，树的叶子是绿的，对不对？"这种情况下虽然父母告诉了孩子事实，但却阻碍了孩子发展自身的观察能力，也让孩子失去了探索的兴趣。遇到这种问题，父母应该让孩子自己去观察，去探索，与孩子交流时，也多用疑问句，比如：这上面有什么？树是什么颜色？

从而培养孩子独立观察，独立探索的能力。

遇到孩子与他人交往的问题，父母也要先观察孩子的反应。比如遇到小弟弟或者小妹妹想要借孩子的玩具玩耍，这个时候父母不要立刻开口，鼓励孩子把玩具借给小弟弟、小妹妹。这样其实阻止了孩子的独立交往，让孩子失去了锻炼的机会。父母可以先在旁观察孩子的反应，如果孩子同意了，父母要及时表扬孩子，如果孩子不愿意，父母可以根据实际情况来对孩子进行正确的引导，培养孩子独立交往的能力。

当然，培养孩子的独立性，不代表对孩子不闻不问，父母还是要时时关注孩子。如果孩子在独立处理事情的问题上遇到了问题，父母也不要认为应该完全交给孩子独立处理，毕竟很多事情是超出孩子的能力范围的，这个时候父母要弄清楚孩子遇到了什么问题，该怎么处理更适合孩子，给予孩子正确的引导，正确地培养孩子的独立性。

蒙氏早教心经：

独立是孩子成长过程中很重要的事情，家长要在适当的时间选择适当地放手，让孩子逐渐变得独立起来，靠自己也能轻松地和人相处，完全融入自己的小社会甚至是我们这个大社会中。

家长不要把自己的想法强加给孩子，要让孩子体会到家长的爱和尊重，帮助孩子自己做拿主意、做决定，培养孩子的独立性。

当孩子遇到社交问题时，家长要协助孩子解决问题，要当一个引导者，引导孩子走到正确的解决之路上。

第九章

孩子成长离不开的
大自然教育

提高孩子了解和探索自然的兴趣

大自然是一位神奇又伟大的发明家，它给予地球上所有生物生存的空间，也赋予他们生存的智慧。大自然是人类赖以生存的家园，作为"一家之主"的人类，自然要对这个"家中"的花草树木都有所了解。

关于自然的知识，也是每个孩子必须要学习的内容。对于0到6岁的孩子而言，家长需要更多地培养孩子了解自然、探索自然的兴趣和精神，让孩子能够对自然有更为宏观的认知，培养孩子与大自然之间的感情，为孩子今后能够深入地学习自然科学知识打下良好的基础。

蒙台梭利曾经做过这样一个实验：在"儿童之家"，她带给几个孩子一个地球仪，这个新奇的东西立刻引起了孩子们的兴趣。但是蒙台梭利并没有指着地球仪告诉孩子们"蓝色的是海洋，绿色的是植被，黄色的是大陆"，而是在一旁静静地观察着他们。几个孩子非常兴奋，立刻挤在地球仪旁七嘴八舌地说了起来。一个稍大些的孩子指着地球仪说："我知道，这里是一大片海洋，左右是两块大陆。"另一个孩子接过话说："我知道这个地方是伦敦，那里是大西洋。"正当他们兴致勃勃地谈论时，一个小男孩挤了过来，怯生生地问："纽约在哪里啊？"立刻有个孩子给他指了出来。他又问："荷兰在哪里啊？"又有一个孩子指给了他。他特别开心地说："我爸爸经常去世界各地，我妈妈会告诉我爸爸现在在海上了，过了几天，妈妈又会说爸爸现在在纽约了。有次爸爸打电话说他在荷兰，我和妈妈就坐船去看他了。"

孩子们将自己在生活中所听过的、看过的关于地理的知识在这个时候全都运用了出来，他们相互交换着自己所知道的关于自然的所有知识，对从别人那里听到的陌生的地名和风景，孩子们会显得十分好奇和神往，这种好奇心会演变成一种求知欲，寄托了孩子渴望了解自然和探索自然的心情。

孩子的天性是好奇，这种好奇是孩子对大自然的探索的主要动力。而孩子们需要的是合适的环境来释放自己的好奇心。家长的责任是给孩子提供合适的学习环境，然后启发和引导孩子积极思考，勇于探索。在这里我们有几点建议提供给各位家长：

1.向孩子展示丰富多彩的大自然，让大自然的神奇魅力激发孩子的学习兴趣。

美丽的植物、可爱的动物、神奇的自然现象等，对孩子来说都具有非常大的吸引力。家长可以多带孩子去植物园、动物园参观，或者夜晚和孩子观察星星，让孩子近距离感受大自然的美丽，沐浴在自然之中。这就如同交朋友，常来常往，自然会变得熟悉起来。

2.利用书本、影像资料等，带孩子了解不一样的大自然。

孩子或许会对周围环境太过熟悉以至于视而不见，或者没有太大的兴趣，这时候家长可以带孩子进一步了解自然，给孩子展示与平时所见不一样的自然。书本和电视等工具就可以帮助孩子了解更多。比如带孩子观看一些有关星球的纪录片，看一些关于极光、溶洞、各种特殊的自然现象的摄影、摄像作品，激发孩子的学习兴趣。

3.引导孩子学会思考，勇于探索。

观察各种现象的目的在于带孩子了解更多关于自然的知识，且能够提出正确的和有价值的问题，是学习知识的重要途径。好奇的孩子经常如同"十万个为什么"一般，再加上他们无穷无尽的想象力，提问也就成了非常重要的学习途径。家长要引导孩子学会观察，然后能够提出问题，最后通过自己动手找到问题的答案，这对孩子今后的学习和成长是非常重要的。

了解和探索自然有助于孩子增长知识、拓宽视野，同时还能培养孩子勤学好问的学习习惯，对强健孩子的体魄、锻炼孩子的意志也具有重要作用，因此家长要注重培养孩子了解自然、探索自然的能力，让孩子在自然环境中更加健康地成长。

蒙氏早教心经：

孩子从出生开始就对外界有强烈的好奇心，家长要善用这一点，利用孩子的好奇心引导孩子探索和了解大自然。

家长要多鼓励孩子的探索行为，不要因为孩子的探索具有一定的破坏性而阻止或批评孩子的探索行为，这样会让孩子逐渐失去对大自然的兴趣，丧失探索欲。

在引导孩子探索大自然时，家长可以借助于一些影像或图书作品，让孩子在家里也能有探索大自然的机会。当孩子对外界有了一定的了解后，家长再把孩子带到户外，近距离地接触大自然，了解大自然的奥秘。

家长要在引导孩子探索的同时，锻炼他的思维能力，培养孩子的思考能力，让孩子在探索的过程中，不断地运用大脑，学会思考。

让大自然教会孩子善待生命

大自然如同一位慈爱广博的母亲，接纳了不计其数、形形色色的生命。人类自然也是其中一种。人与自然环境中的生物能够和谐相处对人类的生存和发展具有非常重要的意义。蒙台梭利将自然教育纳入其教育体系中，也是为了培养孩子与自然的和谐相处的能力。

家长要想培养孩子的这种能力，首先要教孩子学会尊重自然中的生命，学会善待生命。在生活中我们时常可以发现，孩子对周围环境中的生物总是怀着强烈的好奇心。比如看到花园里的花开了，孩子会忍不住想要前去触摸，当然，他们的这种触摸行为往往会对植物造成一定的破坏。刚长出的花苞一转眼就已经在地上了，新修剪的草坪被踩得不成样子了，或者刚看到一只漂亮的蝴蝶，想要捉住它"交朋友"却发现在自己手里的蝴蝶已经再也飞不起来了。这样的事情在孩子的世界时有发生。

或者在成年人眼里，孩子不懂得爱护植物，喜欢破坏，他们表现得太过淘气，于是被家长禁止触碰家里的花草，或者怕孩子打破鱼缸而不让孩子靠近。但其实很多时候孩子只是因为对周围与自己不一样的生物的好奇，想要跟它们近距离地接触，渴望进一步地了解它们。但是由于孩子不了解另一种生命的特点，还没有要"善待"它们的意识，所以一出手就会造成破坏。这种情况如果家长不施以正确的教育，就会让孩子意识不到对生命的尊重和善待是多么重要，随着年龄的增长，这种破坏行为就有可能会从最初的无意识变成后来的有意为之。

在生活中，我们也不乏听闻有的孩子对小动物进行虐待的事实，出现这种情况的原因一方面是孩子的情绪没有得到正确的处置，所以会借助这样的行为来发泄情绪；另一方面是这些行为的背后是对生命的冷漠，都是不懂得尊重生命和善待生命的行为。因此家长要对孩子及时进行教育，让善待生命的种子早日在孩子心中生根发芽，让孩子用一颗仁爱、善良的心来对待自然中的每一个生命。

有位家长发现孩子有段时间总是喜欢蹲在花盆前观察什么。最初他以为孩子是对花盆里的植物感兴趣，于是他特意嘱咐了孩子不要伸手折花枝。但是经过观察，他发现孩子的兴趣并不在植物上，而是花盆底下正在搬运食物的蚂蚁。孩子兴致勃勃地观察了好一会儿之后，突然开始试着将手伸向一只正在运送食物的蚂蚁。失去了食物的蚂蚁有些惊慌失措，它在原地打转的样子让孩子觉得很有趣，于是孩子开始大胆地伸手拨弄它。脆弱渺小的蚂蚁哪里经得起这样的"蹂躏"，很快就有了受伤的迹象。而孩子反而被逗得咯咯笑，他还没有意识到自己的行为给蚂蚁带来了多大的伤害。

家长发现后，先是制止了孩子的这种行为，随后给孩子讲解了蚂蚁搬运食物的过程，以及它们怎样依靠气味来辨别方向和寻找回家的路，又带着孩子观察蚂蚁分解食物时耗费的时间和力气，最后告诉孩子："蚂蚁想要吃饭可是非常不容易的，它们那么弱小，你说，我们是不是不应该欺负它们啊？"孩子重重地点头，不再破坏蚂蚁的工作，反而找出家里的面包揉成碎屑来帮助蚂蚁。

蒙台梭利主张让孩子多和自然接触，让大自然对孩子进行教育，让孩子感受每种生物生存的方式，理解生命的存活需要付出的努力，教育孩子学会尊重每一个生命，以及尊重它们的劳动成果，让孩子在观察和体验中明白生命的不易，从而学会善待生命。

孩子的世界总是充满想象力和乐趣的，而大自然中盛产各种神奇的事物。成年人在引导孩子接触自然时，也要学会用充满想象力的语言和方式来教育孩子。蒙台梭利提醒家长用孩子的逻辑来和孩子对话，所以在教育方式上家长要避免枯燥的科学说教。蒙台梭利为家长们提供了以下建议：

（1）多和孩子观察自然中的生命现象，教孩子理解生命生存的方式。

（2）如果有条件，最好让孩子能够亲身体验照顾一种植物或者小动物，让孩子在这个过程中树立责任意识。

（3）帮助孩子培养对生命的耐心。不管是观察还是亲自照顾动植物，都需要一定的时间，在这个过程中，孩子需要耐心地等待和付出，感受生命变化的过程，也能体会到自然的神奇，帮助孩子学会善待每一个生命。

蒙氏早教心经：

大自然中充满了各种各样的生命体，我们人类也是大自然中众多生命体的一种，这些生命体都是伟大的，值得我们尊重和爱护。

家长要教育孩子学会与大自然和平相处，让孩子理解什么是生命，学会善待和尊重生命。

家长应让孩子多和大自然接触，每遇到一种生命体，家长就要为孩子进行一番详尽且有趣的解说，让孩子在大自然中边玩耍边了解不同生命体的生存方式，让孩子知道每种生命为了生存都付出了自己的努力，我们不应该随便伤害它们。

在日常生活中，家长还可以在家里养一些植物或者动物，让孩子更加直观地了解不同生命体的不同生活方式，并学会与不同的生命体和平相处，学会如何照顾它们。

在自然中教孩子爱护环境

蒙台梭利认为，即使孩子沐浴在大自然中时，也应该让孩子遵守人类社会的基本文明准则，比如不乱攀折树木、不乱刻乱画、不乱扔垃圾等。简言之，就是教孩子学会爱护环境，并且能将这种爱护从自然环境延伸到生活中的建筑、物品等。蒙台梭利将"能够文明地对待环境"称之为"文明教育的真正一部分"。

有这样的一个故事，勤劳的妈妈总是将家中打扫得一尘不染，她也总是用近乎苛刻的要求来约束孩子在家中保持干净整洁。于是家中还没上幼儿园的孩子也知道垃圾要扔到垃圾桶中。但是这位妈妈在家外面却不是这样，总是随手将垃圾扔到一旁，不会管这些垃圾会不会对环境造成污染。孩子一开始在妈妈的严格约束下很懂得保护环境，但看到妈妈在外面的行为后，有了一些困惑。有几次孩子也在外面把垃圾扔在地上，发现妈妈和其他人都没有反对，便大胆地开始在外面扔垃圾。没多久，妈妈终于发现，当孩子身处室外时，他似乎就意识不到对周围环境的爱护。在公园里散步的时候，吃过的零食袋子开始可以随手一扔，看到花园里的花朵，他马上爬在花园外的小护栏上伸手去折。公园的雕塑上有很多游人的"手迹"，模仿力超强的孩子就在地上寻找小石子，在雕塑上练习起自己刚刚学习的"1、2、3"来。这让妈妈感到十分头疼，孩子根本没有意识到爱护环境的重要性。

孩子在家中可以做到爱护家庭环境，但是置身自然中时，孩子便会忘掉这一原则。这是因为孩子还没有对环境这一概念形成统一的认知。在家中他只是模仿着大人的行为做到了"爱护环境"，但是这种爱护没有得到正确的延伸，或者说，孩子脑海中的环境概念太过于狭隘。因此家长需要让孩子多接触自然环境，感受环境的美好和自然中每种环境或者事物形成的过程，教孩子理解任何一种美好事物形成的来之不易，然后孩子才能学会感同身受，学会爱护环境。

蒙台梭利曾经带领着她所创立的"儿童之家"的孩子们一起动手参与陶艺制作。孩子们十分珍惜自己亲自制作出来的产品。这次手工之后，孩子们都发生了这样的变化：在使用陶罐或者水杯等物品时都变得很小心翼翼，如果不小心失手打碎的话，孩子们会显得十分难过，并且在生活中会格外注意不再犯这样的错误。而在这个过程中，没有老师或者家长来教他们应该怎样做，而是他们在自己动手制作陶艺的时候感受到一个陶罐生产过程的辛苦，在这种辛苦中孩子学会了珍惜和爱护，并将这种爱护开始延伸，变成对生活中每个用具的爱护，将小爱变成大爱，孩子逐渐也就有了爱护环境的意识。

自然是一位神奇的魔术师，也是一位博学有趣的老师。让孩子在自然的教育中学习如何爱护环境，往往会取得意想不到的效果。蒙台梭利为家长提供了以下几点建议：

1.多让孩子接触自然，让大自然的美好教孩子学会珍惜美好的事物。

"人之初，性本善"，对美好的事物每个人都会有发自内心的欣赏和爱护，让大自然的花红柳绿和阳光雨露让孩子感受生命和环境的美好，在这种美好的熏陶下学会欣赏、学会爱护和珍惜。

2.让孩子多了解自然发展的历史，在历史的变迁中教孩子学会现在人类所拥有的美好环境的来之不易。

家长无法给孩子展示大自然的全貌，因此需要借助书本以及影视作品的力量，为孩子展示地球上各种环境的形成过程，让孩子感受到大自然的神奇，同时也能意识到环境具有脆弱性，一旦破坏很难恢复到原状，因此每个人都需要树立爱护环境的责任意识。

家长要给孩子树立好榜样，爱护环境从自身做起。对孩子的教育，要做到言传与身教并重。用自己的行动对孩子进行影响和教育，其产生的力量要比耳提面命深刻得多。因此家长首先要注重爱护环境，让孩子在耳濡目染和潜移默化中培养爱护环境的意识。

蒙氏早教心经：

讲文明懂礼貌，不仅是说对待他人要懂礼貌，见面要问好，分别时说再见，在大自然中如果不懂得爱护大自然，保卫大自然的环境卫生，也是一种不文明的行为。

家长要多带孩子接触大自然，了解大自然的美好，教育孩子要学会珍惜美好的事物，爱护环境。

在家庭生活中，家长也要严格要求孩子，爱护环境从生活中的小事做起，家长要教育孩子学会爱护家里的一砖一瓦，尤其要爱护自己的小玩具，不能随意破坏玩具。

家长要以身作则，给孩子树立一个爱护环境的良好形象，在教育孩子时，更要言传身教，不能只要求孩子，自己却做出破坏环境的不礼貌行为。

教孩子认识植物和了解农业

蒙台梭利认为，最能培养一个人对大自然的感情的方法是培育植物。因为孩子能从培育植物中获得高额的回报和巨大的收获。植物将阳光雨露和泥土中的养分变成芬芳的空气、美丽的花朵和丰硕的果实，从生物的角度来说，植物在其成长过程中，对大自然的回馈要远比它们从自然中索取的东西多得多。而孩子看着自己亲手培育的植物突然开出一朵美丽的花或者送给他一个香甜的果实，孩子所收获的快乐和满足是无法估量的。而在付出的过程中，孩子也会从自然中获得更多的知识。

让孩子了解农业是沿着人类发展的自然道路前进的。农业是人类在漫长的发展历史中智慧和汗水的结晶。通过农业，人类从原始状态开始走进文明。孩子的发展必须与人类发展的自然道路保持一致，因此孩子也必须对这一伟大的事业有所了解。

有这样的一个案例，一所学校里的花园经常遭到孩子们的"光顾"，刚刚长出的花苞会被孩子们剪走，插在花瓶里。怒放的花朵也会被孩子们将花瓣撕扯得不成样子。学校里屡禁不止，栅栏也挡不住孩子们好奇的小手。后来有一位班主任，给孩子们布置了这样一个作业：买一粒植物种子，养在家里，然后观察植物的生长过程，并且坚持写植物的成长日记。

好奇的孩子们立刻执行起这个有趣的任务。从种植、培土、浇水等，各个环节亲力亲为。

"妈妈说，我的花盆里的土太多太硬了，就好像给植物盖被子盖得太厚，它会透不过气。"

"原来每天浇水的次数不用太多，种子喝不完的水会让它们生病的。"

"今天它又长了一片叶子，再过一个月它就可以长大了。"

"照顾一个植物真的需要很用心，虽然很累，但是看着它长大，每天都很开心。"

......

孩子的植物成长日记记录着植物每天的成长状态，从中也可以看出孩子们的用心。在伴随着植物成长的同时，孩子的观察越来越细致，在参与一个植物成长的过程中孩子获得关于植物的知识，也看到了生命成长的过程，在自己的辛劳付出中孩子就会更加理解生命的意义，对大自然和生活的感情也会随之加深。

生长在乡村的孩子对农业的了解要比城市中的孩子多一些。当然我们所说的农业教育并非要孩子亲自动手参与所有农业生产过程，而是对孩子普及一些农业常识，比如教孩子辨认不同的农作物，了解它们的生长时节和特点。同时在条件允许的情况下能够多参与农业活动，在与大自然的互动中培养孩子对大自然的感情。

现在很多大城市的郊区经常会有一些农场、牧场，在很多景区也会有生态园区，这为生活在城市中的孩子提供了了解农业生活的机会。家长可以利用节假日带着孩子到农业生态园区参观，在收获季节也可以带着孩子参与果实采摘，体验收获的感觉。让孩子理解农业产品和现成的工业产品之间的差异，让孩子在自然中学会劳动，亲自体验劳动创造幸福的感受。让孩子在大自然中明白劳动的意义，理解人必须通过双手的劳动才能换来收获的道理。

蒙氏早教心经：

家长要让孩子知道，我们要生存下去就必须要进食，而我们所吃的食物都是农民辛苦种植出来的。要告诉孩子，农业的发展是人类走向文明的重要里程碑。

家长要让孩子了解农业的发展史，让孩子知道农业对人类文明的重要性，还要让孩子多认识植物，了解哪些植物是观赏性的，哪些植物是可以作为粮食来食用的。

如果条件允许，家长可以带孩子去乡下的农场、牧场玩，了解农场里都有哪些植物，教孩子认识它们，并了解它们的生长习性。

家长还可以交给孩子一些植物的种子，在种植之前先不要告诉孩子是什么植物的种子，教会孩子如何种植和照顾它们，让孩子亲自种出一株植物，了解它们的生活过程，这样会激发孩子对植物的好奇心，从而愿意了解更多的植物。

在大自然中教孩子生存意识和技能

不管是茹毛饮血的原始社会，还是工业文明高度发达的现代社会，生存问题永远是人类要面临的第一问题。根据马斯洛需求理论层次的观点，生理需求是人最基本的也是必需的需求。人类所有的生存技能都是来自于大自然。

尽管家长对孩子给予了全部的关爱和无微不至的关照，但是孩子依然需要树立正确的生存意识，掌握必要的生存技能。常言道"有备无患"，必要的生存意识和技能可以让孩子在遇到意外情况时多一重保障，同时还可以在紧急情况下帮助他人。

家长都希望孩子在安全、健康、和谐的环境下快乐成长，在生活中一般也都会主动帮孩子规避风险，在孩子前行的道路上扫清障碍。但是这并不意味着生活会永远一帆风顺，家长的庇护终究不能保护孩子一辈子。而家长对安全问题的刻意回避，只能导致孩子缺乏必要的安全常识，生存意识十分淡薄，自然也就不具备必要的生存技能。随着接触的环境逐渐增多且变得复杂，缺乏必要的常识必然会给孩子的生活带来麻烦。因此为了孩子的健康成长，家长应该教孩子具有生存意识并掌握生存技能。

生存意识是所有生物所共有的。动物的生存意识较之植物要表现得更为强烈，所有生物中，人的生存意识最强。在强烈的生存意识的促使下，人也会变得坚韧、顽强，更具忍耐性。因此，家长培养孩子的生存意识，对孩子的性格塑造也是很有益处的。具备生存意识的孩子会更为独立，自理能力会增强，在生活中对他人的依赖性也会减弱。

有这样一个案例：在学校组织的一次夏令营中，孩子们对晚上的露营都感到非常兴奋。有几个小朋友住在一个帐篷里，野外的夜晚对他们来说既陌生又新奇，星星点点的萤火虫从面前飞过，几个孩子追着追着就渐渐离帐篷越来越远了，但是他们却还没有意识到。

直到夜色变浓时，他们才意识到自己已经远离了营区。但是孩子们却发现眼前除了树就是草，看不出来时的路在哪里。这时候，已经有胆子小的孩子被吓哭了，而其他的几个孩子也有些惊慌失措。这时，有个小男孩走到一旁蹲下身子仔细听着什么，不一会儿他转过身对小伙伴说："这里有流水声，附近肯定有小溪，我记得我们的帐篷在一条河的上游的高地上，只要找到了小溪，再沿着溪水往上游走，就一定能回去的。"听他说完，几个孩子立刻开始行动，果然找到了小溪，顺着上游，他们真的回到了宿营地。

当孩子露营或出游时，意外情况发生的概率也会变大。这个时候掌握基本的生存技能就显得格外重要。

培养孩子的生存意识就离不开生存技能的培训。比如最基本的急救知识，在不同的环境中如何辨别方向，在野外寻找水源的方法等，此外还有游泳、攀爬等一些基本的技能。在这里提出几点建议供各位家长参考：

1.学会游泳。

游泳是一项非常实用的生存技能，还是一种兼具健身等多种功能的运动。游泳也是人的天赋。刚出生的孩子就能够挥动四肢在水面上浮起来，如果不加以训练，这种技能随着年龄的增长会退化。家长可以多带孩子游泳，并教给孩子一些水下急救知识，这种技能在野外生存中非常重要。

2.地理常识要具备。

家长要教孩子学会根据各种自然景物和自然现象来判别方向。比如根据星星的分布、树的长势等来辨认方向；学会在野外依靠听觉、嗅觉等寻找水源，并学会简单的净化水的方法等。

3.掌握必要的医疗知识。

在野外难免会有擦伤、碰伤的现象，这个时候就应该掌握必要的医疗知识。比如学会给伤口消毒、包扎，了解常用药品的功效、用量等。

蒙台梭利在的教育理念中一直强调要给孩子适合的学习环境，因此在对孩子进行生存意识和生存技能的教育的时候，要利用自然的力量，让孩子在自然的环境中多实践，多给孩子锻炼的机会。家长可以多带孩子进行户外运动，让孩子多多接触自然环境。有条件的话可以让孩子参加夏令营、野外露营等活动。当然，对孩子的教育要结合孩子的年龄和体力，避免孩子超负荷学习，此外在孩子学习的过程中家长要保护好孩子，避免孩子受到意外伤害。

蒙氏早教心经：

家长应让孩子知道，每个人想要生活在这个世界上，都必须要有一些生存技能，而这些技能都是人类的祖先通过自己的智慧在大自然中发掘出来的。要让孩子知道了解大自然的重要性和好处。

家长要从小就培养孩子的生存意识，教会孩子一些户外的生存技能，让孩子在户外遇到困难和意外时学会运用这些生存技能，解决困难，摆脱危险。

家长要让孩子多接触大自然，在大自然中学会根据星星的分布和植物的长势分辨方向，要让孩子学会最基本的地理常识和一些简单的医疗知识。比如，包扎、消毒等。

用大自然教育帮孩子摆脱对电子产品的依赖

在现代社会的家庭里，电子设备可谓是"老少皆宜"。尤其是近年来，随着电子信息技术的发展，电子产品层出不穷，其使用者和依赖者越来越呈现低龄化的趋势。对现在的孩子来说，电视早已不是那么博人眼球的新鲜物品了，普通的游戏机更是不得孩子的欢心，电脑、手机、平板电脑以及各种新兴的可穿戴设备，才更能满足孩子们娱乐的需求。但是任何事物都有两面性，电子设备在为孩子们提供了百玩不厌的各种游戏的同时，对孩子的视力、体能以及学业等各方面也产生了许多的负面影响。有的孩子甚至还形成了电子依赖，沉迷于网络之中，身心发展都受到了严重的影响。在一些青少年犯罪的案例中，不少人就是由于长期沉迷于网络，在暴力、色情等众多不良信息的影响下进而走上犯罪道路。

孩子之所以会对电子设备产生严重依赖，一是由于电子设备本身的巨人吸引力。比如电子游戏，它的趣味性、挑战性都非一般的娱乐活动可比，再加上其种类繁多，适宜各类人群，下至周岁的孩子，上至年过不惑的成年人，都有可能会为电子游戏"折腰"。二是现代社会中孩子们的娱乐方式变得单调，孩子们的活动空间非常有限，这是由他们所生活的环境所决定的。再加上学习压力大，节假日可能还要在各种辅导班、特长班之间穿梭，因此缺乏娱乐的孩子们在电子设备中可以得到放松。三是信息化社会的大势所趋。电子产品前所未有地普及，成为家庭必备品，父母每天都离不开电脑、手机，出于好奇，以及耳濡目染，孩子也会对电子设备产生很大的兴趣，使用起来便是"自然而然"的了。

有一位刚刚三岁的孩子在走进幼儿园后表现得很焦躁，在玩玩具的时候明显兴趣不大，他最开心的是班里小朋友一起看电视的时候，但是很快就会由于节目不对胃口而显得兴趣索然。回到家里，孩子第一件事就是拿起妈妈的手机，玩里面的各种小游戏。别看他年纪不大，却已经是有一年半"网龄"的"高级玩家"了，那些小游戏能够难倒他的还真是不多，不少游戏都已经被他玩通关了。他对各种游戏都很感兴趣，常常能够拿着手机玩几个小时。妈妈用手机的时候，他又在电脑上接着玩。

妈妈本不拿孩子玩游戏太当一回事，但是现在看着孩子对游戏的依赖越来越严重，担心也与日俱增。

蒙台梭利说过，只要给孩子合适的学习环境，那么家长和老师就什么都不用做，孩子会自然而言地学会要学的一切。如果孩子缺乏合适的娱乐环境和正确的娱乐活动，就会对电子设备爱不释手。为了帮助孩子摆脱这种依赖感，家长就要让孩子多接触大自然，让孩子在自然环境中释放活力，在健康、开阔的环境中玩耍，告别对电子娱乐的依赖。在这里我们为家长们提供几点建议：

1.多带孩子到户外运动，避免让孩子感觉"困"在家里太过无聊。

活泼好动的孩子们自然不喜欢长期待在家里，因此家长需要多带孩子在户外运动，呼吸新鲜空气，让孩子多接触大自然，在正确的环境中释放孩子的天性，分散孩子的注意力，这样孩子就不会将所有注意力都放在电子游戏上了。

2.家长为孩子做好榜样，不要太过沉迷于电子设备。

家长如果在孩子面前总是低头玩手机，而不经常陪伴孩子玩耍，和孩子互动沟通，出于好奇和爱玩的天性，孤单的孩子也会学着家长的样子，将注意力放在电子设备上。所以建议家长们在家中可以将自己的手机放在一边，多和孩子做互动，不要让孩子感到孤单。

3.利用电子设备娱乐放松本身没有错，但是要有度。

电子设备可以帮助孩子学习更多知识，放松身心。一些益智游戏有开发孩子智力的作用，因此让孩子适当接触也是有好处的，但是为了避免孩子对其产生过度依赖，家长可以和孩子"约法三章"，比如玩半个小时游戏，然后和家长一起去做运动，在放松身心的同时也能够锻炼身体，丰富孩子的课余生活。

蒙氏早教心经：

现在电子产品越来越普遍，手机、平板电脑、电脑，五花八门，各式各样。不仅大人痴迷于这些电子，就连孩子也从小被这些电子产品吸引了目光。家长要尽量避免孩子过多接触这些电子产品，否则不但会损害孩子的视力，还会影响孩子的智力发展。

在让孩子远离电子产品时，家长也要以身作则，少在孩子面前使用手机、电脑等电子产品。要言传身教，为孩子做个好榜样。

家长使用电子产品娱乐孩子要有度，比如，让孩子看电视的时间不宜过长。要让孩子远离电子产品，走出户外，多接触大自然，让大自然的美丽风光来陶冶孩子的情操，帮助孩子摆脱对电子产品的依赖。

户外活动不仅可以娱乐孩子的身心，还能丰富孩子的课外生活，让孩子在玩耍的过程中认识大自然，增长知识，锻炼身体。

第十章

授之以渔，
让孩子学会学习

不教而教，引导孩子主动学习

蒙台梭利认为，儿童具有一种内在的潜力。这种潜力随着他们的成长在不断发展。如果能顺应并利用这种力量，幼儿的成长和学习将更加顺利。在儿童的知识学习方面，蒙台梭利同样倡导开发孩子自身的生命力，引导孩子自发学习。

3岁的小凯是个淘气的男孩，从整天与小伙伴们玩闹，很少安静下来。爸爸认为学习要从小就打下基础，因此决定开始训练小凯，希望能让小凯养成良好的学习习惯。于是，爸爸给小凯布置了学习任务，要求他每天都要背诵一首古诗，还要求他学习算术。

刚开始的一段时间，小凯并没有在意这件事，每天依旧与小伙伴们玩，把爸爸布置的任务抛到脑后。爸爸发现后很是生气，不仅严厉地训斥小凯，还罚他多背几篇。这下小凯发愁了，对他来说这是很大的负担。他闷闷不乐地开始背诵、学算术，但效果并不好。如果爸爸检查后发现他背得不好，还会罚他抄写。这让小凯越来越抵触学习。

上例中小凯的爸爸给小凯布置了学习任务，在他完成得不好时严厉训斥并惩罚他，导致小凯把学习当作负担，没有养成主动学习的习惯。

在生活中，不少家长都像上例中小凯的爸爸一样，在孩子的学习上采取强硬、惩罚的态度或方式，导致孩子对学习产生厌烦、抵触心理，把学习当作负担，难以对学习产生兴趣，更难以做到主动学习。这对他们的学习和成长是不利的。

蒙台梭利儿童教育的特点之一就是"不教"。这并不是指家长放弃对孩子的教育，放任不管，而是指给孩子一定的自由，引导他们学会主动学习。主动学习意味着孩子对学习态度积极，能在学习中找到乐趣，会主动投入知识的海洋中。主动学习是一种让孩子终身受益的习惯。那么，家长该如何引导孩子主动学习呢？

1.多鼓励，少批评。

孩子天性爱玩，在培养学习兴趣的过程中，可能会出现兴趣不大、贪玩等情况。对此，一些家长经常责备孩子，甚至给他们布置更多的学习任务作为惩罚。殊不知，孩子的学习兴趣正在培养，这种态度会导致孩子将学习看作负担，难以找到学习的乐趣，反而会对学习产生排斥心理，适得其反。因此，当孩子做得不够好时，家长要给予适当的鼓励，表扬孩子做得好的地方，给他们信心，激发他们的兴趣和潜力，而不是一味地指责，导致他们产生抵触心理。

2.从孩子的兴趣点入手。

孩子心智不成熟，自制力不强，其主动学习的动力一般还是依靠兴趣。喜欢做的事他们就会坚持，想要了解的知识他们更有动力主动探究。家长可以从这一点入手，挖掘孩子的兴趣点，激发他们的动力，引导他们主动学习。比如，有的孩子可能对书法感兴趣，家长就可以让他们抄写优美的诗句，激发他们识字、读诗的兴趣，使他们养成主动学习的习惯；有的孩子观察能力强，对自然界中的现象和事物总是充满兴趣，总是希望探索原因。对于这样的孩子，家长可以给他们买些相关的书，或是让他们看些科教节目，等他们养成习惯后再逐渐扩展他们的学习范围。

3.不给孩子布置过多、过难的任务。

要想让孩子主动学习，就要让他们感受到学习的快乐。有的家长急于求成，给孩子布置过多的任务；有的家长则"揠苗助长"，给孩子布置超出他们能力范围的任务。这很容易导致孩子失去耐心和信心，对学习产生厌烦心理，不利于养成良好的学习习惯。因此，家长给孩子布置任务时要充分考虑他们的能力和时间，既不要对他们有过高要求，也不要占用他们太多时间，这样才能保持孩子的积极性。

4.让孩子学习成为习惯。

为了让孩子把学习当成习惯，家长可以让孩子为自己制订一份日常生活起居表，把学习任务与起床、吃饭、看电视等事件的时间规定好，按照起居表生活。久而久之，学习就会变成一种习惯。

5.给孩子以自由。

在蒙台梭利的教育思想中，多次强调对给孩子自由。她倡导，家长的教育要以自由为基础，她的教育甚至被称为"自由研究的教育"，可见自由在儿童教育中的重要性。在培养孩子的学习习惯时，家长应让孩子自己去学，在学习方式上不要施加太多干涉。让孩子自己去学不但能够锻炼他们的学习能力，还能增强他们的自律性，对他们的成长有利。

蒙氏早教心经：

1. 孩子具有主动学习的潜力，这有助于他们培养学习习惯；
2. 给孩子一定的自由，引导孩子主动学习；
3. 多鼓励，少批评，激发孩子的学习兴趣和动力；
4. 从孩子的兴趣点入手培养他们主动学习的习惯；
5. 给孩子布置的学习任务不要过难、过多；
6. 让孩子将学习作为习惯；
7. 给孩子自由，不要过多干涉他们的学习。

结合孩子的敏感期培养学习习惯

小雨今年4岁，是个聪明机灵的男孩。在幼儿园里，不管什么课程和知识，他都是学得最快的那个。很多小朋友的父母都对小雨父母的教育方式很好奇，经常向他们"取经"。

原来，小雨的父母很早就了解到，针对孩子的敏感期进行教育，能让他们更好地成长。因此，他们买来相关书籍，了解孩子的敏感期分段。例如，当小雨1岁半，开始进入语言敏感期时，爸爸妈妈就买来教孩子发音、说话的视频，不断让小雨模仿，小雨很快就学会了不少；3岁时的小雨进入了逻辑敏感期，经常不断地向妈妈提问："为什么天是蓝的？""为什么困了就要睡觉？"妈妈便耐心地给他解释，还买来一些科学知识书籍让他看，小雨看得津津有味，知识也不断地积累。

就这样，在父母有针对性的教育下，小雨对知识的好奇心越来越大，他很喜欢学习，总是主动去学，因此进步很快。

上例中，小雨的父母在他的相关成长敏感期对他进行相关教育，提高了小雨的求知欲和学习能力，使小雨成长得很优秀。

所谓儿童敏感期，是指在孩子成长的过程中，有一段时间会对外界的某些刺激产生敏锐的感受，内心对某些事物特别敏感。当孩子处于相关敏感期时，内心的动力会驱使他们对所感兴趣的事物表现出一种求知的热情，会努力去吸收相关知识。蒙台梭利视这种敏感期为关键期，她认为敏感期是孩子获得知识和能力的最佳阶段。这个阶段内的孩子能较为轻松地适应学习。蒙台梭利主张，家长要给敏感期内的孩子创造适宜相关能力发展的环境。

以下是蒙台梭利对孩子敏感期的划分中与学习有关的敏感期分段，家长可以参考并对孩子进行教育。

1.语言敏感期，1岁半～2岁半。

这个时期的孩子开始了语言的启蒙，喜欢学说话。父母可以与孩子面对面，让他们用学口型的方式学说话，不断给他们注入"养分"，在生活中多与他们进行对话，并让他们看相关视频，增强语言能力。还可以教他们读读故事，在学说话的同时进行启蒙教育。

2.空间敏感期，3～4岁。

这个时期的孩子开始产生空间感，他们尤其喜欢堆积木、钻箱子，不断地探究三维空间。这时，家长应为他们提供类似的玩具，并教孩子认识多种几何图形，这样能够增强孩子的空间感和想象力，为他们日后的学习奠定基础。

3.逻辑思维敏感期，3～4岁。

进入逻辑思维敏感期的孩子的显著特点就是不断追问"为什么"，他们总是会问些诸如"天为什么会黑""为什么要睡觉"之类的问题。家长不仅应耐心地给孩子解答，还可以给他们看百科全书等书籍，使孩子在认识客观世界的同时，思维能力得到提高。这个时期的孩子对事物的认知是事半功倍的。

4.数学概念敏感期，4岁半～7岁。

当孩子进入数字概念敏感期，会对数字很敏感后，比如喜欢问现在是几点、你几岁等。这是孩子的数学智能在发展的表现，家长应让他们更好地理解数的概念。比如让孩子帮家里买一些日用品，教他们学会看时钟，锻炼他们的数字能力，同时培养他们对数学的兴趣。

5.认字敏感期，5～7岁。

这时的孩子开始对字符产生兴趣，家长可以买些文字卡片，让他们更好地学习文字。不过，这个阶段的孩子只能对文字形成一个整体的印象，还不能很好地书写，家长不必要求过高。

6.数学逻辑的敏感期，6～7岁。

要注意，数学逻辑的敏感期不同于数学概念的敏感期，这个时期的孩子已经对数字、数量有了一定的认识，开始对数的序列、概念以及概念间的关系产生兴趣，家长可以让孩子学习加减乘除法，使他们掌握数学的逻辑。

7.动植物、科学实验、收集敏感期，6～7岁。

这时的孩子对来自自然界的知识充满好奇。家长应给孩子创造更多的观察大自然的机会，同时通过视频等资料增加孩子的相关知识。

家长要明白，敏感期不仅是孩子学习的关键期，也关系到他们心灵、人格的发展。因此，家长要密切关注孩子的敏感期并进行相关教育，为孩子提供帮助，使他们更好地成长。

蒙氏早教心经：

在孩子的成长期中，会有多个敏感期，包括语言敏感期、空间敏感期、思维敏感期、概念敏感期等。父母要抓住这几个特殊时期，对孩子进行有针对性的教育，这样才能够提高孩子的学习能力，培养孩子良好的学习习惯。

在孩子2岁左右时，父母应多陪孩子说话，让孩子多练习发音，训练孩子的语言能力，这样孩子才能说得早、说得多、说得好。

思维敏感期的孩子对什么都十分好奇，总会问一些幼稚或奇怪的问题，父母要认真回答孩子的问题，并为他们提供相关资料，培养孩子良好的学习能力。

教孩子用正确的姿势看书学习

在蒙台梭利的日常家庭教育手册中，特别提到了孩子的学习习惯。其中，孩子的看书、写字的姿势是重要内容。

5岁的莎莎特别喜欢看图画绘本，她让妈妈买了很多图画绘本，有童话故事，有动物世界，还有自然风景。这些图画绘本语言简洁，图画明了，莎莎每次打开看都会入迷。而且，莎莎很喜欢躺在沙发上看图画绘本，一本绘本看两三遍还看不够，舍不得放下，每次即使已经很晚，她仍捧着书在看，妈妈命令她睡觉，可她依旧开着台灯，躺在床上看图画书。

妈妈为了纠正莎莎躺着看图画书的习惯，就教她练习写字，可是她一坐下就会不自觉地驼下背，写字时还会把头压低，驼背更厉害了。刚开始时妈妈没有留意到，后来每当妈妈看到都会提醒她，她一听到妈妈的提醒就会立马坐直，可没过多久，她便又渐渐把背驼下去了。

渐渐地，莎莎的视力开始下降，她发现稍远处的字自己已经看不清楚了。而且她的坐姿也没有改善，连走路时都有些驼背了。

上例中，由于没有用正确的姿势看书、写字，莎莎才会变得近视、驼背，这对她的生活和成长都是有影响的。

在生活中，很多家长对孩子的学习要求严格，比如会给他们报各种补习班、布置一些学习任务。然而，一些家长对孩子的读书、写字习惯并未严格要求。其实，孩子看书、写字的姿势不仅有关他们的学习效率，还会影响到他们身体的成长。长期不正确的姿势会导致近视、驼背等症状，对孩子的健康不利。近年来，孩子近视、驼背的情况越来越严重，一些孩子只有几岁便已佩戴眼镜。这对家长来说是一个警示，孩子的学习习惯必须得到重视。正确的读书、写字姿势不仅能保证孩子的读书效率，还能让他们轻松自如地写字，减轻疲劳，提高书写水平，预防近视、斜视、脊椎弯曲等疾病的发生。良好的习惯必须从小培养，否则一旦养成习惯，很难纠正。因此，家长对此必须重视。

根据蒙台梭利在教育手册中的相关要求，家长应对孩子的读书、写字姿势作如下要求：

1.正确的写字姿势。

上身要坐端正，两肩尽量齐平，头要摆正，写字时稍向前倾。背要挺直，胸口离桌沿一拳左右。两脚要平放在地上，不要跷二郎腿；左右两臂要平放在桌面上，左手按纸，右手执笔书写。眼睛与纸面不能太近，在不影响书写的情况下，应尽量远些，通常保持在33厘米左右。

2.看书的姿势应与书写姿势相同。

家长要告诉孩子，不能躺在床上看书，更不能在很微弱或很强烈的光下看书，那样做可能会导致视力受损。而且看书、写字时，每过半小时就要停下来，向远处眺望，或是做做眼保健操，保证眼睛状态的良好。

3.对于孩子的执笔方法，家长也应做出要求。

标准的执笔方法不仅让孩子舒服，也能让孩子写得更好。正确的执笔方法应为三指执笔法。其具体要求是：用右手执笔，用大拇指、食指、中指捏住笔，接触位置大概为距笔尖3厘米左右的笔杆下端。写字时食指稍向前，大拇指稍后，中指则稍用力抵住笔杆，无名指和小指自然放松并向手心内弯曲。笔杆的上端最好斜靠在食指方向，运笔时笔杆和纸面呈50°左右。

总之，读书写字的姿势可以归纳为三要、三不要、三个一。三要即读书写字的姿势要正确，看书或写字一段时间后要向远眺望；每天都要坚持做眼保健操。三不要的具体内容为：不要在过强或过弱的光线下看书；不要在走路或做车时看书，躺下时不要看书。三个一是指：看书时眼睛距离书一尺（33厘米）左右，胸部离桌一拳，距离笔尖一寸（3.3厘米）。

家长可以通过挂图、视频等方式教孩子养成正确的学习习惯，为他们的健康成长奠定基础。

蒙氏早教心经：

1.孩子的读书姿势是学习习惯的重要部分，对他们的成长影响较大；

2.不健康的姿势和习惯会导致孩子学习效率低，甚至诱发疾病；

3.要学会正确的写字姿势；

4.要学会正确的看书姿势；

5.执笔方法也有要求；

6.坚持三要，三不要，三个一；

7.通过挂图、视频等多种方式教孩子养成良好习惯。

让孩子从生活中学习知识

在蒙台梭利的教育思想中，曾多次提及生活本身对孩子的影响。在蒙台梭利看来，生活是最好的老师，孩子的天性在生活和自然中能够得到解放，这种状态有助于他们学习，生活也是知识的来源，观察、贴近生活能让孩子学到更多。

飞飞今年5岁，已经上幼儿园了。在班里，很多小朋友都很喜欢跟飞飞一起玩，因为他们觉得飞飞懂的知识很多。每次课间休息时，大家都会聚到飞飞的身边，听他讲些有趣的知识。

生活中的飞飞是个"好奇男孩"，因为他总是喜欢问"为什么"。比如，与妈妈一起过马路时，飞飞会指着十字路口问妈妈，为什么有的车在走，有的车却停下，妈妈便会把交通规则讲给他听；在超市购物时，飞飞也会问妈妈，为什么要买这个而不是买那个，妈妈就教他学会货比三家。

最近，飞飞发现一件有趣的事情，妈妈每次拿遥控器时，如果她的手是湿的，便会先把手擦干净再去拿。飞飞不解，便请妈妈解释原因。妈妈告诉他，这样做是为了避免水进入遥控器，导致遥控器损坏，而且如果手上有水时去接触电源，很容易触电。之后，妈妈还给飞飞讲了不少有关电的常识，令飞飞受益匪浅。

就这样，随着飞飞不断观察生活中的事物，他的发问也越来越多，懂的知识也逐渐增加。飞飞很喜欢学习新知识，经常看书。大家都夸他是个爱学习的孩子。

上例中的飞飞很喜欢观察生活并提出问题，在这个过程中，他学到不少知识，学习兴趣得以激发，也养成了良好的学习习惯。

蒙台梭利认为，儿童天性亲近自然和生活，而且对生活中的事物有敏锐的感觉。他们擅长从生活中寻找有趣且对自己发展有益的事物，这有助于他们学习新的知识。然而，生活中却有很多家长认为学习就是课本上的知识，总是督促孩子看书，却没想过让他们通过观察生活来学习知识。这是对孩子天性的压抑，不利于孩子学习习惯的养成和潜力的开发。

因此，家长在生活中应培养孩子观察、提问的习惯，教他们从生活中学习知识，养成随时随地学习的习惯。家长要让孩子知道，知识往往来源于生活，可以说生活就是"百科全书"。孩子要有从生活中学习的意识，遇到问题要积极查资料或请教他人，这样一来知识自然越学越多。

在生活中，带孩子出去游玩时，家长要提醒孩子，让他们有意识地观察大自然，比如观察太阳在一天中的变化，观察不同叶子的形态，观察海水的潮起潮落。在这个过程中，孩子可以对自然、地理有一种感性的认识，同时也能激发他们对学习相关知识的兴趣。

除自然知识外，家长还应让孩子学习生活常识。比如让他们做些家务，在此过程中给他们讲相关知识；带孩子出门时，给他们讲交通规则，教他们学会挑选商品。由于这些知识是孩子通过生活观察到的，再通过家长的讲解，他们可以更好地理解，印象也深刻。

此外还要鼓励孩子提问。孩子心中产生疑问，说明他们已经开始思考，并希望获得相关知识。可以说，疑问是智慧的开始。生活中，对孩子的提问家长不仅要认真对待，还要鼓励他们提问。有时，孩子可能由于缺乏相关知识和表达能力，虽然不懂却不知道该怎么问，家长应循循善诱，引导他们说出自己的问题，或是主动提问他们，从而鼓励他们，使他们更有兴趣去学习。

家长要尽量允许孩子接触更多的事物，不要给他们设定过多限制。孩子的天性就是爱玩，他们可以从中获得快乐。不仅如此，在玩耍的过程中，孩子还能获得知识。比如在搭积木的过程中，孩子能感受到结构和美，也能自己领悟一些与人相处的技巧。然而，一些家长却拒绝给孩子过多时间去玩，他们认为学习与玩不能兼容。对此，家长要注意，不要给孩子设定过多限制，在保证安全的前提下，完全可以让孩子在玩耍中学到知识。

蒙氏早教心经：

1.生活是最好的老师，孩子的天性在生活和自然中能够得到解放，这对他们的学习有利；

2.儿童天性亲近自然和生活，对生活中的知识有一定的敏感性；

3.引导孩子观察生活；

4.教孩子生活常识；

5.鼓励孩子发问并耐心回答；

6.尽量减少对孩子的限制，鼓励他们接触更多的事物。

专注让孩子的学习更有效率

蒙台梭利认为，儿童天生存在专注力与秩序感。在家长的引导下，这种能力可以得到发展和提升。这一认识打破了人们对儿童的传统认识，对孩子专注力的培养也产生了新的启示。

小波是个6岁的男孩。他活泼聪明，兴趣也比较广泛，特别是对自然科学很感兴趣。为了鼓励他看书，爸爸为他买来不少科学方面的书籍。

爸爸给小波制订了看书计划，规定他每天都要看至少10页。每天，小波都会按爸爸的要求坐到书房里看书。但是，让爸爸奇怪的是，小波看书很慢，10页的书要看好几个小时才能看完。

后来，爸爸才发现，其实小波的阅读速度并不慢，之所以10页的书要看很久，是因为他总是分神。有时，即使是坐在桌前不动，小波也并不是在看书，而是在走神，思绪早已飞到九霄云外。因此，他总是要花很长时间才能看完书。

发现这一情况后，爸爸开始想办法训练小波的专注力。他把小波看书房间里的玩具拿走，还经常陪着小波阅读，发现他走神时便提醒他。渐渐地，小波看书时专心多了，很少再走神。

上例中，由于不专注，小波看书总是要花很长时间。在爸爸的训练下，小波的专注力得到了提升，看书效率也提高了。

蒙台梭利曾说，注意力的训练，是孩子今后一切发展的基础。然而，对于孩子的专注力，一些家长并未给予足够的重视，他们只是在孩子走神时批评、斥责，却未做到系统地训练孩子的专注力。这对孩子的成长和学习习惯的养成是不利的。

经过多年的观察，蒙台梭利发现其实儿童存在秩序感和专注力，在一定的条件下，他们甚至喜欢工作胜于玩。这让蒙台梭利意识到，家长只需用引导的方式来训练孩子的专注力。在蒙台梭利的教育思想中，培养孩子的专注力和秩序感要比训练孩子如何进行操作重要得多。

为了系统地训练儿童的注意力，蒙台梭利制作了一套教具，家长可以参考。可以准备一个色板，先指导孩子观察并比较三原色的特征，再让孩子对其进行配对、排序。在这个过程中，孩子的注意力和思维力就得到了发展。随着孩子的成长，颜色可以越来越多，游戏难度也逐渐增大，甚至可以让孩子观察、比较颜色的渐变。这样不仅能提升孩子的专注力，还能充分培养他们的想象力和创造力。

此外，孩子做事时尽量不要干预他们。有的家长发现孩子做事做得不够完美时，总是喜欢在一旁唠叨，或是指责他们哪里做得不好，或是指导他们应该怎么做。家长总是按自己的意愿指挥孩子，不仅难以让孩子确立自己的想法，还会打断孩子，使他们很难静下心来完成一件事。因此，在孩子做事的过程中家长尽量不要打断他们，在他们做事前就把需要注意的事项讲清楚，然后让孩子尽情去做，全情投入，培养他们专注的习惯。

还有一些家长对孩子的要求比较严格，总是给他们布置很多任务。这可能导致孩子因压力大而焦虑，进而导致注意力不集中，学习效率不高。因此，当孩子总是走神、没有学习的动力时，家长不妨让孩子去玩一段时间，尤其是做一些运动，可以让孩子更加平静。

此外，当孩子心气浮躁时，注意力难免不集中。这时，如果采取强硬的方式，很可能事与愿违。对此，家长不妨用玩游戏的方式来让孩子安静下来。比如，"我是木头人"、让孩子闭上眼睛聆听风的声音、与孩子玩橡皮泥等，都能吸引孩子的注意力，让他们安静下来，训练专注力。

蒙氏早教心经：

1. 儿童天生存在专注力与秩序感，在适当的引导下，这种能力可以得到发展和提升；

2. 专注力是孩子发展的基础；

3. 参考儿童之家的教具和教材训练孩子的专注力；

4. 尽量不要打断孩子做事；

5. 让孩子有充分的时间和空间放松；

6. 教孩子学会通过游戏来放松，使自己安静、专注。

为孩子营造良好的学习环境

经过多年的研究，蒙台梭利发现，环境对儿童成长的影响不可忽视。她曾将环境比作儿童的脑部，认为环境影响着孩子整体的发展，在智能发展方面尤其如此，环境的作用不可忽视。

6岁的甜甜是个漂亮的小姑娘，平时很喜欢打扮自己，买来不少好看的衣服，还喜欢漂亮的洋娃娃。

自从甜甜上幼儿园后，妈妈就很重视她的学习。为了让甜甜有自己的学习空间，妈妈专门为她腾出一间书房，供她写作业、看书。考虑到甜甜喜欢漂亮的东西，妈妈便在甜甜的书房里贴满了卡通图案，还摆了许多漂亮的洋娃娃，桌上也摆放了有趣的卡通日历，书房布置得美轮美奂。甜甜一看，果然很开心，她很喜欢这个书房。

可是，甜甜却难静下心来学习了。写作业时，她总会不经意间看到旁边的洋娃娃，接着便顺手拿来玩一会儿，看到有趣的卡通日历时，她也会停下写字的笔，在日历上画来画去。结果，她的作业总是很晚才能完成。

妈妈没想到，自己精心布置的书房却导致甜甜无心学习。

上例中，为了让甜甜能在一个称心的环境中学习，妈妈把书房布置得美轮美奂，结果事与愿违，甜甜的注意力被吸引，总是半途而废，没养成好的学习习惯。

在生活中，很多家长对孩子学习的督促只体现在要求孩子自身上，没有考虑到环境。还有一些家长则像上例中甜甜的妈妈一样，为了让孩子更喜欢学习，在学习环境上苦下一番功夫，结果导致孩子注意力转移，学习效率反而降低。

对此，蒙台梭利指出，如果儿童处于一个有利于他们自然发展的环境中，也就是说，环境能够使他们按照自己的节奏来行动，他们的潜力和智慧就能得到激发。就此，蒙台梭利倡导家长应为孩子创造有利于他们学习、发展的环境，给予他们良好的刺激，用环境教育儿童。因此，要想让孩子养成良好的学习习惯，家长就要重视环境的作用，努力为孩子营造一个适合学习的环境和氛围。

1.给孩子独立的学习空间，避免孩子被家人打扰。

很多家长督促孩子学习，自己却在看电视或大声喧哗，导致孩子受到影响，难以专心学习。对此，家长要注意，最好能给孩子一个相对独立的学习空间，不要争吵喧哗，避免导致孩子分心。

2.孩子学习的空间要简洁明亮。

一些家长为了让孩子的学习空间更称心，便像上例中甜甜的妈妈一样，把孩子喜欢的东西全都放入书房。这样做很容易导致孩子学习时心不在焉。在为孩子布置房间时，简洁、明亮即可，要让室内保持空气流通，同时对色彩的搭配也要注意，不要使用过于鲜艳醒目的颜色，这样的颜色往往会刺激孩子，使他们兴奋、浮躁，不利于安心学习。

3.给孩子做合适的桌椅。

孩子的桌椅应该参考他们的身高量身定做，这样既安全又舒适。在为孩子选择桌椅时，尽量不要选带有滑动轮的桌椅。这种移动方便的桌椅对孩子来说并不安全，而且很可能导致他们写字时这里动一下，那里动一下，不能静下心来。

4.不要在桌上摆放过多杂物。

孩子的书桌上尽量不要摆放与学习无关的杂物，以免孩子分心。可以摆放孩子可能用到的工具书，如词典等，这样既方便孩子查询，又能为孩子营造学习氛围。

5.可以与孩子一起学习。刚开始培养学习习惯的孩子可能会感觉不适应，一些孩子甚至不习惯没有妈妈陪在身边。对此，家长可以采取与孩子一起学习的方式。可以为全家制订一个学习时间，比如下午时大家一起学习，爸爸看报纸，妈妈看书，孩子写字。这样的环境会让孩子感受到学习的氛围，又有家人陪在身边，他们会觉得轻松、自在，容易投入学习。

蒙氏早教心经：

1.环境对儿童成长的影响不可忽视，影响着孩子整体的发展；

2.如果环境对孩子的成长有利，他们的潜能就能得到激发；

3.给孩子独立的学习空间；

4.孩子的学习空间要简洁明亮，尽量不要放置容易导致他们分心的事物；

5.学习的椅子要合适；

6.桌上不要摆放杂物；

7.与孩子一起学习，培养良好的学习习惯。

第十一章

孩子的良好习惯
要从小培养

卫生习惯好，健康烦恼少

蒙台梭利认为，教育是为了了解如何帮助儿童，使其得到健康的成长。只有养成良好的生活习惯，才能为独立生活奠定基础。由于幼儿正处于生长发育的初期，可塑性比较强，这一特点有助于良好习惯的养成。如果不加以培养，再加上孩子的自制力较差，就很容易使他们养成不良习惯。因此，家长要重视孩子良好习惯的培养，卫生习惯就是重要习惯之一。

鹏鹏是个3岁的小朋友，身为独生子的他享受着父母的宠爱。父母总是觉得鹏鹏还小，因此事事围着他转，把他照顾得无微不至。每当鹏鹏把玩具扔得到处都是时，父母都会帮他收拾好。就连洗脚、洗脸等事情，都是妈妈帮着他做好，鹏鹏几乎什么都不做，父母也没有向他强调过卫生习惯的重要性。

没过多久，鹏鹏上幼儿园了。可是，他在幼儿园的表现并不佳。老师经常向他的父母反映，鹏鹏不太讲卫生，不整洁。经常不刷牙、用手指挖鼻孔，有时还会用脏手揉眼睛，指甲长长了也不知道修剪。父母这才开始意识到要让鹏鹏养成这些卫生习惯，然而，鹏鹏常常拒绝，他觉得做这些事很麻烦。

上例中鹏鹏的父母事事替他包办，没有培养他养成良好的卫生习惯，导致他生活不整洁、不卫生，没有意识到卫生习惯的重要性。

良好的卫生习惯对孩子来说是很重要的，这种习惯的养成会使孩子的一生受益。要知道，生活中的大部分疾病都与个人卫生习惯有着密切关系。勤换衣服、整理房间、饭前便后洗手、早晚刷牙等卫生习惯看似小事，却直接影响着人们的生活质量。生活习惯不卫生的孩子，既不文明，又可能对身心健康不利。家长要让孩子保持个人卫生，使他们养成良好的个人卫生习惯，这对他们的成长有重要意义。家长可从以下几方面入手。

1.让孩子养成卫生的饮食习惯。

要让孩子懂得"病从口入"的道理，教他们养成饭前便后要洗手、生吃果蔬前要洗净等习惯，一些孩子喜欢用手抓食菜肴，父母要让他们改掉这一习惯；还有一些孩子喜欢喝凉水，家长要告诫他们，让他们知道喝凉水的危害，督促他们改掉这一习惯。

2.让孩子保持身体及服装的整洁。

这关系到孩子的个人卫生形象。一些孩子尤其是男孩，不注重个人形象，衣服上总是有污渍，还经常在外面玩得灰头土脸。对此，家长要让孩子明白，良好的卫生习惯、卫生形象，能够得到他人的尊重，也能让他人感受到自己的尊重，同时也能抵御病菌的侵袭。家长要教会孩子基本的自理行为，让孩子养成早晚洗脸、刷牙的习惯，勤洗澡、勤换衣。总之，要让孩子养成保持个人清洁的好习惯。

3.让孩子注意保持生活环境的整洁。

家长要告诉孩子，讲卫生不仅要保持个人的卫生，还要尽力保证周围环境的卫生整洁。不乱扔垃圾、不随地吐痰，还要经常整理自己的房间，保持清洁。

4.让孩子养成有规律的生活习惯。

为了帮助孩子养成良好的卫生习惯，父母可以尽量使他们的生活有规律。可以为他们制订切实可行的生活计划表，规定洗漱、饮食、劳动的时间，使他们养成习惯，时间一到就去做该做的事。比如规定每周一剪一次指甲，待孩子养成习惯后不用父母督促，就能自己注意。

5.增加孩子对美的认识。

爱美之心，人皆有之，孩子也不例外。孩子对美有一定的认识和追求，但并不完善。家长可以通过提高孩子对美的理解，让孩子意识到良好的个人形象和卫生习惯的重要性，从而养成良好的卫生习惯。

除此以外，家长要注意以身作则。孩子的模仿性较强，很多习惯都是师从父母。父母生活习惯健康卫生，孩子经过模仿也会养成习惯。同时，父母要注意保持家居环境的整洁。卫生、整洁的家居环境，会让孩子产生保持整洁的意识，比如当他们看到自己的玩具摆放得比较乱，或是发现自己把地板弄脏时，会主动处理干净。因此，整洁的家居环境有助于孩子卫生习惯的养成。

蒙氏早教心经：

1. 让孩子知道"病从口入"，饮食习惯要卫生；
2. 提醒孩子注意个人形象，身体及服装要整洁；
3. 让孩子保持周围环境的整洁卫生；
4. 帮助孩子养成规律的生活习惯；
5. 培养孩子对美的认识，增加他们对美的了解；
6. 家长要以身作则，做好榜样。

通过肃静活动培养孩子的好习惯

孩子生活习惯的养成不仅与自身因素有关，与环境同样密切相关。蒙台梭利发现，如果让孩子处于有准备的环境中，让他们循序渐进地学习，其习惯的养成和发展效果是惊人的。她认为通过肃静活动能够有效地培养孩子的良好习惯。

丽丽是个3岁的小朋友，已经上幼儿园了。大家都夸她是个乖巧的孩子，很有礼貌，自制力很强，课堂上很少乱动，不管做什么事都很稳重、专注。很多小朋友的家长都很佩服丽丽父母的教育方式。

原来，在丽丽2岁左右，父母就开始用"肃静活动"来培养丽丽的生活习惯。通常，妈妈会作为引导者，先让全家安静下来，然后走到较远处，轻轻喊出丽丽的名字，并让她做些事情或完成一个动作。刚开始时，丽丽做得并不好，经常在安静时间内动来动去。后来，在爸爸的示范下，丽丽完成得越来越好，逐渐能安安静静地待着，也学会了不去打扰别人，做事变得稳重、细心。

上例中，丽丽的父母通过肃静活动，锻炼了丽丽的心智，使她的自制力得到增强，也懂得为他人考虑。

　　肃静活动是一种能有效改善孩子行为习惯的方式。经过多年的研究，蒙台梭利提出了肃静课理念和方式。肃静活动以有趣的方式对孩子的天性和心理进行了训练，不仅在学校中得以应用，对家庭教育也有重要意义。通过在家中进行蒙台梭利的肃静课，可以让儿童在自由、快乐、有序的活动中进行探索和尝试，培养良好的生活习惯。

　　那么，家庭中的肃静活动怎样进行呢？上例中丽丽父母的方式就是很好的参考。可以让妈妈做引导者，指导孩子慢慢地安静下来，然后妈妈走到较远的一个地方，轻轻呼喊孩子的名字，然后命令孩子做某些动作。刚开始时，孩子可能做得不够好，可以让其他家人一起参与，给孩子做示范。安静的环境能使孩子的天性和心理活动较快地进入有序状态，能够循序渐进地培养孩子的习惯。

　　蒙台梭利认为，让儿童进入有序的状态有利于建立良好的纪律，这种内在纪律有助于良好习惯的培养。不过，关于肃静课，家长需要注意以下几点，避开相关误区。

　　1.肃静课并非要求孩子一动不动。

　　在一些家长看来，肃静课就是指让孩子在整个过程中一动不动，不能发出一点儿声音，保持绝对安静才意味着成功实施肃静课。其实，这种看法是错误的。蒙台梭利指出，教育孩子，最重要的是解放孩子的天性，激发他们的内在潜力，使他们能够自然成长，使自身能力得到自由而充分的发展。因此，肃静课更重要的是让孩子感受到"安静"，体验到安静带来的美好，明白安静的意义并自愿养成保持安静的习惯。因此，肃静课并非要求孩子一动不动，家长要避免这个认识误区。

　　2.肃静课并不是压抑孩子的天性。

　　一些家长认为，孩子的天性就是活泼好动，肃静课就是让孩子安静下来，是在压抑他们的天性。其实，肃静课与孩子的天性并不相悖，不能简单地将两者对立。蒙台梭利鼓励家长顺应孩子的天性时期发展，但并不意味着放纵自由。因此，肃静课可以对孩子起到引导作用，使孩子自由的天性进入"有序状态"。

　　3.肃静课要循序渐进，不能急于求成。

幼儿心智尚不成熟，自制力差，如果较长时间内接受外界指示，尤其是要求他们安静之类的要求，会导致他们失去兴趣，逐渐出现打瞌睡、分神等现象。因此，家长在对孩子实施肃静课的过程中，不要急于求成，如果发现孩子不能立即安静下来，进入不了状态，就不要勉强他们，可以先进行其他练习，把安静的任务放下，待孩子情绪稳定，愿意安静时再展开练习。而且两次练习间隔的时间不要太长，家长要有耐心，给予孩子循序渐进的引导。

蒙氏早教心经：

1.肃静活动能够改善孩子的行为习惯，使他们在安静的状态中感受、释放天性；

2.肃静活动并非要求孩子一动不动，保持相对安静即可；

3.肃静课并不会压抑孩子的天性；

4.家长要循序渐进，给孩子成长的空间，不可急于求成。

安全注意记得牢，孩子才会远离危险

蒙台梭利教室内曾摆放人们日常生活中使用的剪刀、微波炉、电磁炉等用具。要知道，这些物件对孩子有一定的危险性，那么蒙台梭利为何要这样做？

其实，蒙台梭利之所以这样做，就是为了让幼儿在成长的过程中，掌握一定的安全知识，养成安全习惯。蒙台梭利主张家长通过多种方式，让孩子意识到危险的存在并学会规避。

3岁的洋洋是个活泼好动的小家伙，尤其喜欢动物。每次看到小动物，洋洋都会去逗它们。

这天中午，妈妈哄着洋洋睡着后，便在他身旁睡下了。不一会儿，洋洋就醒来了，看到妈妈还在睡，他觉得很是无聊。突然，他听到了鸟的叫声。顺着声音，洋洋来到了窗前，原来有一只喜鹊落在了窗边的树上。洋洋隔着窗户逗喜鹊，觉得不尽兴，他很想摸摸喜鹊。于是，他打开窗户，想跨坐在窗前与喜鹊玩。要知道，洋洋家住三楼，然而，洋洋对危险浑然不觉。

幸好这时妈妈醒来了，她赶忙把洋洋抱下来，这才使洋洋脱离了危险。

上例中，由于没有意识到危险的存在，贪玩的洋洋差点发生意外，可见安全教育的重要性。幼儿的好奇心比较重，又缺乏安全意识，很容易在日常生活中遇到危险。一些家长认为，等孩子长大了就会知道这些常识，学会规避风险，其实不然。安全习惯与其他生活习惯一样，需要从小培养。为了保证孩子的身心健康，使孩子安全顺利地成长，家长需培养孩子良好的安全习惯。

目前，很多家庭对孩子的安全教育不够重视，主要存在以下两种问题。首先，对孩子重保护，轻教育。在家庭生活中，父母对孩子常常是采取全方位的保护。在他们看来，让孩子少活动就能避免危险，于是，一些家长几乎事事替孩子包办，也很少让孩子活动。这导致孩子不但难以锻炼自己的实践能力，还缺乏安全意识。对此，家长要明白，他人对孩子的保护毕竟是有限的，最重要的是让孩子拥有保护自己的能力，因此，家长在保护孩子的同时要重视安全教育，增强孩子的自我保护意识和能力。

其次，大部分家长重知识而轻实践。很多家长明白安全教育的重要性，因此经常会向孩子灌输一些安全常识，却很少对孩子进行实践训练。这种灌输式的教育导致孩子对安全知识"左耳朵进，右耳朵出"，效果并不好。如果在给孩子讲安全知识的同时，对孩子进行行为训练，如教他们进行火灾逃生等，在实践中教孩子面对危险时应怎样逃生，孩子的安全意识能得到提高，对安全知识的理解也更加深入。

家长应从以下几个方面入手，对孩子进行安全知识教育，使他们养成良好的安全习惯。

1.教孩子克制好奇心，让他们知道玩火、玩电很危险。

幼儿的好奇心较重，很多孩子都喜欢玩火、玩电，有的还喜欢攀爬到高处。对此，家长要向孩子指出这些行为的危险性，尤其要向孩子指出电视里一些节目与现实生活的区别，避免他们因模仿而受伤。

2.让孩子改掉喜欢往嘴里、鼻子里放东西的习惯。

一些孩子喜欢把花生米等东西放到鼻子里，或是将笔盖含在嘴里，这是非常危险的，这些物件很容易落入气管，导致窒息。父母要让孩子改掉这些习惯。

3.交通安全知识要知道。

一些孩子喜欢在马路边追逐打闹，家长要通过多种方式教他们学习交通安全知识，提高安全意识。

4.不要轻信陌生人。

孩子社会经验不足，不懂得规避风险，容易轻信陌生人。对此，父母要让孩子明白，"防人之心不可无"，不要让孩子单独外出，同时要养成不向陌生人透漏家庭信息、不接受陌生人的礼物、不轻易给陌生人开门等习惯。

5.教孩子必要的逃生知识，让他们懂得避免危险的发生和危险中保护自己。

在日常生活中，家长要让孩子掌握一些必要的安全常识，比如火灾发生时应拨打119，要用湿毛巾捂住口鼻等，同时还要配合实践训练，提高孩子的自我保护能力。

实施安全教育，培养安全习惯的方式是多种多样的。家长可以通过让孩子看安全教育短片、小儿书或亲自给孩子演习等方式，让孩子理解必备的安全常识，掌握一定的技能，提高安全意识，养成安全习惯，学会保护自己。

蒙氏早教心经：

1.安全习惯事关孩子的生命安全和健康成长，家长必须重视；

2.大多数家长对孩子的安全教育重保护轻教育，重知识轻实践；

3.要教孩子常识，让他们控制好奇心；

4.督促孩子改掉往嘴里、鼻里放东西的习惯；

5.教孩子学习必要的交通安全知识；

6.培养孩子的社会经验，不要轻信陌生人；

7.通过知识、实践训练教孩子逃生知识；

8.方式要灵活多样，让孩子易于接受。

让良好的睡眠为孩子"充电"

在蒙台梭利的教育思想中，睡眠也是教育内容之一。睡眠对人体健康意义重大，其重要性甚至不亚于呼吸。通过睡眠，大脑能够保存能量，从而达到巩固记忆、更好地发挥大脑功能的效果。在睡眠过程中，人体的代谢速率降低，能够有效消除疲劳、恢复体力，免疫功能也能得到维持和增强。如果长期睡眠不足或睡眠不佳，身体的各项机能都会受到影响。因此，养成良好的睡眠习惯非常重要。

对婴幼儿来说，睡眠的意义更为重大，对促进其生长发育发挥着重要作用。对幼儿来说，睡眠也是一种大脑活动。睡眠不好会直接影响到婴幼儿的体力和智力的生长发育。因此，培养幼儿养成良好的睡眠习惯非常重要。

佳佳今年2岁，是家里的掌上明珠，爸爸妈妈都很宠她。佳佳平时喜欢听故事，睡觉前尤其如此，总是拉着妈妈给她讲故事，否则就不躺下，妈妈只好给她讲。有时，即使已经很晚，佳佳听完一个故事还不满足，还会缠着妈妈再多讲几个。妈妈觉得晚睡一段时间也没关系，让佳佳晚点起床就好了。因此，对于佳佳的请求，妈妈很少拒绝。

不仅如此，有时故事中的一些情节会让佳佳害怕，她就会要求妈妈陪着她睡。久而久之，佳佳甚至变得不敢一个人睡，总是要妈妈陪，还经常听故事到很晚，导致睡眠质量不佳。

上例中，佳佳的妈妈没能使她养成良好的睡眠习惯，导致佳佳睡眠质量不佳。

蒙台梭利认为，婴儿和幼儿早期，很多良好的习惯都是通过建立条件反射这种方式形成的，孩子的睡眠习惯也是如此。要想使孩子养成良好的睡眠习惯，家长首先要培养孩子养成按时入睡的习惯。家长可以从为孩子创造良好的睡眠氛围入手，到了睡觉时间时，保持室内安静、光线柔和，不要大声吵闹，尽量让孩子安静下来，不要让孩子过于兴奋。睡前如果孩子一时睡不着，也不要强迫他们，要顺其自然，使孩子平静，萌生睡意后自然入睡。此外，家长也要让孩子养成按时起床的习惯。可以给孩子规定起床时间，保证充足睡眠时间的前提下，避免赖床等不良习惯。

培养孩子良好的睡眠习惯，应从婴幼儿时期入手。孩子3个月大时，家长就可以着手培养他们的睡眠习惯了。在孩子睡觉前，家长可以让孩子进行一些固定活动，如睡前洗浴、让他们听同一首催眠曲、给他们讲同一个故事等。久而久之，孩子就会形成固定的睡前模式，一做这些事，他们就会意识到该睡觉了，逐渐养成自行入睡的习惯，从而建立良好的睡眠条件反射。

有些孩子睡觉总是要让父母陪，这也是不良的睡眠习惯之一。良好的睡眠习惯要求孩子能自行入睡。这就需要家长注意，要勇于放手，最好让孩子自己睡，养成独立的习惯。这样也有助于提高孩子的睡眠质量。家长还要注意，不要让孩子因看电视或忙于其他事情，而推迟睡觉时间。有的家长认为，孩子晚睡一段时间也没关系，让他们晚些起床即可。这是不可行的。人体各部分的机能都有其最佳休息时间，并非保证睡眠时间足够就可以，要让孩子养成早睡早起的好习惯。

此外，家长在培养孩子的睡眠习惯时，要注意避开以下误区：

1.白天睡的时间越长越好。

一些家长认为，孩子的睡眠时间越长越好，因此白天也会让孩子睡较长时间。其实，即使是午睡，一个小时也已足够。如果白天睡眠时间过长，不但会浪费时间，还会导致孩子晚上毫无睡意，甚至养成熬夜、昼夜颠倒等坏习惯。因此，家长要注意，孩子在白天的睡眠时间不要超过四小时。

2.临睡前让孩子疲劳些有助于睡眠。

针对孩子不按时睡觉的习惯，一些家长想到一种方法：让孩子在睡前劳累些，这样他们就能很快产生睡意。这样做对孩子不利，过度劳累会导致肾上腺素浓度增高，孩子容易变得易怒、急躁，更加难以入睡，对健康也不利。

蒙氏早教心经：

1.睡眠对于儿童健康的意义重大，能够为孩子"充电"；

2.督促孩子按时睡觉，通过建立条件反射培养良好的睡眠习惯；

3.睡眠习惯越早培养越好，婴儿时期就着手培养；

4.尽量让孩子独自入睡；

5.白天不要让孩子睡太久；

6.孩子临睡前最好情绪稳定、平静，不要过度劳累。

在日常生活中培养孩子节约的好习惯

在蒙台梭利的教育思想中，她认为道德教育是奠定所有教育的基础。她曾说，道德教育的最终目的，是让孩子对良知有感受。而勤俭节约，正是蒙台梭利的道德教育的一部分。

小杰今年3岁，是家里的独生子，父母对他有些娇惯，一向是有求必应。不管小杰想要什么，爸爸妈妈都会替他买来，满足他的需要。

渐渐地，父母发现小杰花钱越来越大手大脚，有时还会和小朋友攀比。吃饭时，自己不喜欢吃的菜小杰就会丢掉，还经常剩饭；过生日时，小杰要求爸爸妈妈给他办一场很大的生日会，还买来不少零食；跟妈妈逛商场时，小杰看到喜欢的玩具就想买回家，即使玩具很贵，他也坚持要买。

对此，父母很是苦恼，他们决定想办法让小杰改掉铺张浪费的习惯。爸爸想到小杰喜欢听故事，便经常给他讲些与节俭有关的寓言。渐渐地，小杰似乎意识到了自己的错误，父母指出他浪费时，他会听父母的话，尽量做到节俭。

上例中，父母的溺爱导致小杰养成了铺张浪费的坏习惯。意识到这点后，爸爸采用讲寓言故事的方式，使小杰意识到了自己的错误，懂得了节俭的重要性，改掉了浪费的习惯。

勤俭节约是中华民族的传统美德。所谓勤俭，就是指合理分配财物，而节约是指珍惜劳动成果。然而，生活中有不少孩子都像上例中的小杰一样，喜欢铺张浪费。一方面，这是由于他们的心智还不成熟，不懂得节俭的重要性；另一方面，很多家长没有重视培养孩子节俭的习惯，有的甚至溺爱孩子，事事满足他们，导致孩子铺张浪费。

如果能让孩子养成勤俭节约的好习惯，不仅能培养他们良好的品德，还能帮助他们学会合理分配财物，提高独立生存的能力。因此，家长要在日常生活中重视对孩子节俭习惯的培养。以下建议供家长参考。

1.孩子剩饭、剩菜时指出他们的错误。

很多孩子吃饭时都会剩饭，或是觉得吃不下，或是着急去玩。对此，家长不能娇惯，要告诉他们，吃饭时吃多少盛多少，以免剩饭。而且要让孩子知道，这些饭菜的背后有很多人的付出，农民伯伯的辛劳，妈妈做饭的辛苦，剩饭不但是浪费，更是对他们的劳动的不尊重。家长最好让孩子自己盛饭，避免浪费的同时培养他们的自理能力。

2.培养孩子理智消费的习惯。

一些孩子花钱时总是大手大脚，还喜欢与人攀比，想要什么就要求父母买来。对此，父母不能一味由着孩子，要让孩子学会理性购物，买东西时要货比三家，买性价比最高的东西。而且要告诫孩子，买东西时一定要确认自己需要，不能一时冲动或是为了与人攀比，欠缺考虑的购物往往导致浪费。

3.用讲故事等孩子容易接受的方式教他们懂得节俭。

一些家长也明白让孩子懂得节俭的重要性，因此总是苦口婆心地教导孩子，效果却不明显，有时还会导致孩子反感。对此，家长可以改变教育方式，用孩子容易接受的方式教导。比如有的孩子吃饭时经常撒饭，一顿饭下来，往往是地上、桌上都有饭粒，碗里的饭也没吃干净。这时，家长可以教孩子"变个魔术"，让他们把米粒变到肚子里；或是给孩子讲个故事，告诉孩子，浪费粮食的人会丢失自己最喜欢的玩具。这样既让孩子有兴趣去听、去做，又能避免浪费。

4.教孩子养成攒钱的习惯。

为了避免孩子铺张浪费，家长还可以让孩子养成攒钱的习惯。家长可以给孩子买一个好看的储钱罐，鼓励孩子把零钱存好。比如可以买一个小猪形象的储钱罐，然后告诉孩子，如果有零钱就放到小猪的肚子里，这样小猪就能吃饱。久而久之，孩子就能养成攒钱的习惯。等到孩子的零钱攒到了一定的数目，家长可以让他们自己支配，这对他们来说也是一种鼓励。

此外，家长还可以通过玩游戏、讲寓言故事等方式让孩子避免浪费。比如当孩子没关紧水龙头时，家长就可以让孩子看看正在滴的水珠，告诉孩子那是水龙头在"哭泣"。总之，家长要用孩子容易接受的方式去教育他们，并以身作则，引导孩子成长为一个勤俭节约、不攀比、不浪费的人。

蒙氏早教心经：

1.节约是道德教育的重要内容，道德教育是儿童教育的基础；

2.让孩子尽量不要剩菜、剩饭；

3.让孩子理智消费，不能大手大脚，更不能与人攀比；

4.用孩子容易理解和接受的方式教他们节俭；

5.培养孩子养成攒钱的习惯。

第十二章

科学膳食，
为孩子的未来筑基

孩子的营养补充要科学合理

蒙台梭利指出，在婴幼儿的饮食中，必须含有丰富的脂肪和糖分。脂肪可以为孩子身体成长储备营养物质，糖分在孩子有机体组织形成的过程中可以加快其增长速度，帮助孩子健康成长。

孩子的脑部发育所必需的八种营养物质中最重要的物质就是脂肪。母乳中为孩子提供的一半营养就是脂肪，它是孩子脑部发育、智力发展不可或缺的营养物质。一般来说，成年人和儿童的膳食中脂肪为人体提供的能量占30%左右。脂肪中的脂肪酸可以帮助孩子的视力健康发展。此外如果孩子体内缺乏脂肪，皮肤会变得干燥，容易患湿疹等皮肤疾病以及感染性疾病，并且会导致外伤不容易愈合。缺乏脂肪还会让孩子免疫力低下，生长发育迟缓。

脂肪对女性来说具有特别的意义，就是能促进性发育。女性自诞生起体内就存在控制性别的基因。青春期前后，当体内脂肪的储量达到人体的17%时，这种基因将遗传密码输送到大脑，人体才能产生性激素，随之月经初潮来临，卵巢功能也逐渐发育完善。

糖分在营养学中又被称为碳水化合物，它也是人体脑部成长发育所必需的八种营养素之一。糖分是人体活动的动力来源，为人体各种生命活动提供必要的能量。尤其是葡萄糖，它是支持大脑正常运转的唯一来源。孩子出生后的前3个月，可以给孩子添加适量的葡萄糖，为孩子的成长补充热量。当孩子1岁左右时，由于孩子的牙齿开始发育，因此也要避免孩子摄入过多的糖分。如果孩子在成长中缺乏糖分，就会导致注意力下降，对孩子的智力发展也有很大影响。

孩子的正常发育同样离不开蛋白质，在膳食中，鸡蛋和牛奶是为孩子补充蛋白质的最佳选择。牛奶和鸡蛋中不仅含有大量易于消化的蛋白质，同时还含有促进机体组织吸收的酶，对孩子的生长发育大有裨益。蒙台梭利还强调了食物的新鲜性。因为新鲜食物中的营养成分被破坏地更少一些，更加有利于孩子的消化吸收。

　　肉类中含有丰富的蛋白质、无机盐、碳水化合物、维生素等营养物质，但是蒙台梭利认为3岁之前的孩子不适宜食用肉类。3到5岁的孩子可以食用绞得非常细碎的瘦肉，虽然5岁的孩子牙齿发育已经很完善，但是家长还是要教会孩子如何细嚼慢咽，将肉类充分咀嚼后吞咽。狼吞虎咽会导致消化不良甚至腹泻。

　　蒙台梭利建议4岁以后的孩子可以在膳食中加入少量的肉类，嫩鸡肉、嫩牛肉以及鱼肉是比较好的选择，但是软体类和甲壳类动物不应该给孩子食用。给孩子食用的肉类要注意烹调方式，肉糜、肉汤是最佳方式，或者加入面包渣、牛奶、鸡蛋后炸成肉丸子也是不错的选择。蒙台梭利不提倡炖或者煮的方式，因为这样会使肉类中的大量营养物质被破坏，而且煮后的肉类食物不容易消化。

　　维生素也是孩子生长发育必不可少的营养元素之一。水果、蔬菜中含有丰富的维生素，但是蒙台梭利提醒家长们不要给孩子食用生的蔬菜沙拉，因为孩子的消化系统尚未发育完全，对生的食物无法消化，会给孩子的肠胃造成负担。任何蔬菜都应该经过加工制熟后给孩子食用。为了帮助孩子消化，家长可以将蔬菜制成泥状或者糊状给孩子食用，比如土豆泥、胡萝卜泥等都是很好的方法。胡萝卜中含有丰富的胡萝卜素，可以给孩子提供充足的维生素A。

　　水果中虽然也含有丰富的维生素和糖分，但是并不是所有水果都适合孩子食用。水果的成熟度、酸甜度、软硬度等都会是考量水果是否适合孩子食用的标准。桃子、杏子、葡萄、橘子等都比较适合孩子食用，无花果、菠萝、瓜类等不适宜幼儿食用。此外，苹果、李子、梨等如果给孩子食用的话，最好制熟，比如水煮或者加糖制成果酱。

　　蒙台梭利提醒家长，在给孩子食用水果时还要注意安全，为孩子剔除水果中不宜食用的果核和果皮，以免给孩子的吞咽造成不便甚至危险。对5岁左右的孩子则要教会他们各种水果的食用方法。

　　孩子的成长需要各种营养元素，家长除了为孩子补充各种必需的营养物质之外，还要根据孩子的自身状况及时为孩子补充所需营养，为孩子的成长发育提供充足的能量。

蒙氏早教心经：

　　孩子的每个成长期都需要不同的营养补充，婴幼儿时期以脂肪和糖分为主，随着年龄的增长，孩子就需要补充蛋白、肉类以及维生素。

　　脂肪是婴幼儿脑部发育必不可少的营养物质，母乳中有丰富的脂肪含量，正是最适合婴幼儿的美味佳肴，因此，妈妈应坚持母乳喂养至少到6个月。

　　糖分虽然也是婴幼儿必需的营养物质，但健康的饮食中就已经为孩子提供了充足了糖分，不应过早让孩子接触各种糖类，比如，市场上的各种糖块、甜食等。

　　家长给孩子补充营养应科学合理，应根据孩子自身的生长发育情况来为孩子补充所需要的营养和能量。当孩子缺乏营养时，家长最好采取食补的方法来为孩子增加营养。

不挑食、不偏食的孩子才更健康

　　蒙台梭利经过多年研究发现，1～3岁的孩子虽未形成成熟的心智，但已经开始有自己的想法，会自己做出选择，形成意愿。不过，这些意愿并非全部都是人们愿意看到的，挑食、偏食就是其中之一。

　　小南是个2岁半的小姑娘，她活泼机灵，很讨人喜欢。不过，有一点让小南的妈妈很是发愁，小南吃饭总是挑食。

　　小南不太喜欢吃蔬菜和水果，有时吃饭甚至只吃米饭。每当妈妈给她夹蔬菜时，她总是躲闪着不要，还说吃米饭就能吃饱，觉得蔬菜难吃，她宁愿吃些零食也不吃菜。妈妈对此很无奈。

　　后来，妈妈从一些美食节目上学到了一些方法，她把蔬菜做成小南喜欢的兔子形状，还对口味做出了改良，做成小南喜欢吃的零食的口味，鼓励小南尝尝。没想到的是，小南尝过后发现，原来蔬菜的味道并不是那么难以接受。渐渐地，小南似乎喜欢上了吃蔬菜，再不像从前那样挑食了。

上例中，为了帮助小南改掉挑食、偏食的习惯，妈妈对蔬菜的外观和口味做了改善，引起了小南的兴趣，使她逐渐摆脱了对蔬菜的排斥。

在生活中，很多孩子都像上例中的小南一样，存在着挑食、偏食的习惯。一方面，这不利于他们的营养补充，难以做到全面均衡，甚至导致营养不良，对他们的成长不利；另一方面，挑食、偏食会导致一定程度的浪费。因此，家长要帮助孩子克服挑食的毛病，养成健康的饮食习惯。以下建议供家长参考。

1.善于添加佐料。

一些孩子不喜欢吃蔬菜，却喜欢吃一些零食，他们觉得零食有滋有味。对此，家长可以参考孩子喜欢的零食的配方，在蔬菜中添加相关佐料，做成孩子爱吃的口味，吸引孩子。如一些孩子喜欢吃薯条，家长就可以买来番茄酱作为佐料，刺激孩子的食欲。

2.给孩子讲讲"果蔬故事"，与孩子玩游戏。

如果孩子挑食，家长不妨通过讲故事或玩游戏的方式吸引他们。比如给孩子讲讲大力水手的故事，告诉孩子，吃了蔬菜就会像大力水手一样充满智慧和勇气，或是与孩子比赛谁吃的蔬菜更多、更全。这些方式能够吸引孩子，使他们开始尝试吃蔬菜。

3.重视食物造型。

一些家长发现孩子偏食、挑食时，只是一味批评孩子，而不是想办法让孩子喜欢食物。其实，家长可以从食物的造型入手，不仅要让食物的味道更鲜美，还要使其造型更加吸引孩子，比如把饭菜摆成卡通形状、把肉与水果穿成"项链"等。

4.让孩子适当吃些健康零食。

一听到"零食"二字，很多家长便觉得那是不健康的。其实，一些零食的营养成分也很多，而且孩子很喜欢吃，比如酸奶、小饼干等，家长还可以把果蔬做成沙拉。当孩子偏食甚至不吃饭时，先让他们吃些健康的零食，补充一定的营养。

5.鼓励孩子参与烹饪过程。

很少有家长会让孩子参与烹饪，尤其是幼儿。其实，让孩子参与食物的制作过程，能够增加他们对食物的兴趣。因此，家长做饭时，不妨让孩子帮忙，比如让他们帮忙洗菜、尝味道等，既锻炼了他们的操作能力，又激发了他们的食欲。

6.把白米饭换成由黑米、白米和小米组成的混合饭。

大多数家庭中的米饭都以大米饭为主，这也是一些孩子不太喜欢吃的食物。对此，家长可以将其换成黑米、大米、小米组成的混合饭。黑米富含粗纤维，搭配起来营养、色彩都丰富，更能吸引孩子的注意力，刺激食欲。

7.用家中的健康食材做孩子喜欢吃的零食、快餐。

如今，越来越多的孩子喜欢上了汉堡、比萨等快餐食品，甚至因此对家中的饭不感兴趣。但那些快餐食品对健康并无益处。对此，家长可以自己做快餐，用家中的健康食材做孩子喜欢吃的食品，如用瘦肉、洋葱等做汉堡，并搭配新鲜蔬果。这样一来，孩子自然有了食欲。当然，为了避免孩子产生抗拒心理，刚开始时可以对他们保密，等他们逐渐喜欢上了这种健康快餐再将实情告诉他们。

蒙氏早教心经：

偏食、挑食会让孩子的营养摄入不均衡，影响孩子的健康成长和发育。因此，家长要教育孩子不能挑食、偏食，并想办法改变孩子挑食的毛病。

当孩子出现偏食、挑食习惯时，家长不能用武力来逼迫孩子吃不喜欢吃的食物，一味地批评可能会让孩子更加讨厌不喜欢吃的食物，有时候，还会引起孩子的逆反心理。

孩子的思想是很单纯的，父母在纠正孩子挑食、偏食习惯的时候，可以根据孩子的喜好，来为食物做个造型，这样能在视觉上对孩子造成冲击，让孩子对不喜欢的食物产生兴趣。

家长要避免让孩子过早接触快餐类食物，这些食物属于垃圾食品，孩子过早接触有害无利。

规律饮食需要亲子共同遵守

蒙台梭利主张，在日常生活的各项事务中培养孩子的习惯。所谓习惯，其实也可以归为纪律感。让孩子的生活有规律、守纪律，好习惯也就得以坚持。其中，饮食规律也是极为重要的一环。

琪琪是个3岁的小男孩，他平时比较贪玩，经常与小伙伴在外面公园里玩，迟迟不回家，直到感觉很饿时才回去。到了晚上，他又会觉得饿，常常会吃很多零食。

即使是按时吃饭，琪琪的饮食也并不规律。当妈妈做了自己喜欢吃的菜时，琪琪就会吃得比较多；如果妈妈做的菜不太合他的口味，他就不太想吃，甚至不吃，在父母苦口婆心的劝说下才会勉强吃几口。

最近一段时间，琪琪总是觉得胃不舒服，没有食欲。父母带他到医院做了检查才知道，这是由于长期饮食不规律导致的。

上例中，琪琪的父母没有重视对琪琪饮食习惯的培养，导致他总是不按时吃饭，饭量也不规律，要么过饱，要么吃得很少，对健康不利。

1～3岁的幼儿正处于生长发育的关键时期，饮食发挥着非常重要的作用。要想让孩子健康成长，必须保证他们的饮食规律、健康。然而，生活中有很多孩子都像上例中的琪琪一样，饮食不规律，没有养成定时定量的饮食习惯。长此以往，不但不利于他们的健康成长，也不利于培养他们的自制力。

因此，家长要重视对孩子饮食习惯的培养。首先，家长要让孩子养成按时吃饭的习惯。这不仅有助于他们的身体健康，也能帮助他们更好地安排自己的时间，提高自己的自制力。按时吃早餐可以帮助孩子克服赖床的习惯，规律的早餐会为他们补充足够的热量，让他们更有活力。午餐承担着一天的绝大部分能量供养，更需要按时吃。晚餐则不应吃得过晚，因为夜晚时分，身体各部分器官都将进入休息时间，太晚进餐会给身体造成负担。睡前3小时最好不要再让孩子进餐。健康的饮食习惯，是每天5餐左右，包括主餐3次，上午、下午的两次主餐之间可以让孩子吃些奶制品和水果。

其次，规律的饮食习惯要求孩子不能经常过饱或不饱，这对他们的身体健康是不利的。过饱会对肠胃系统造成负担，对幼儿来说尤其如此，因为他们的各项机能还未成熟。过饱还可能导致肥胖问题产生，这会对孩子的健康造成威胁。不饱则会导致孩子营养不足，甚至导致贫血、营养不良等症状，甚至影响他们的生长发育。

为了培养孩子定时定量的饮食习惯，家长最好与孩子一起吃饭。全家人一起吃饭，更容易让孩子养成习惯。家长也要为孩子做好榜样，自己要先做到定量饮食，比如不要因为外出吃饭就大吃大喝。

家长还要注意，应尽量少让孩子吃零食。通过对营养门诊的案例进行调查可以发现，如果孩子经常吃零食或是喝较多的饮料，食欲就会减退，变得不爱吃饭，难以培养饮食规律。因此，家长要注意，不但要让孩子远离不健康的零食，还要控制他们的零食量，以免影响孩子的餐饮习惯，为他们的身体健康保驾护航。

一些孩子之所以不按时吃饭或是吃得太少，是由于他们的食欲不强，不爱吃饭。对此，妈妈可以想办法使饭菜对孩子更有吸引力，使他们变得爱吃饭。比如把米饭做成动物等图形，让孩子对饭菜更感兴趣。

蒙氏早教心经：

饮食有规律，孩子才能养成良好的生活习惯，才能拥有健康的饮食习惯，对孩子的发育和成长才有利。

家长要从小为孩子制订良好的饮食规律，让孩子形成健康的饮食习惯。

家长要让孩子按时按量吃饭，和孩子一起进食，和孩子共同遵守家庭中的饮食规则，促进孩子向家长学习，养成良好的饮食习惯。

家长要避免让孩子吃过多的零食和饮料。因为零食和饮料会让孩子有饱腹感，会使孩子的食欲减退，还会让孩子对饭菜失去兴趣，变得越来越不爱吃饭。

教导孩子不能吃饭时玩耍

蒙台梭利认为，自由是孩子的天性，对孩子的教育应顺应他们的天性进行，也就是给予他们自由和空间。然而，这并不意味着对孩子的所有天性和自由要求都要顺应、放纵。

华华今年2岁，是个活泼好动的男孩，就连吃饭时他也不老实，总是动来动去。前一秒还坐在桌前吃饭，下一刻就跑去摆弄自己的玩具了。他还经常一边玩积木一边吃饭。

由于华华吃饭总是边玩边吃，所以他吃得很慢，往往是还没吃完半碗饭就凉了，妈妈只好再给他热一遍。后来，华华吃饭就成了一项"大工程"，常常是他在一边玩积木，妈妈在一旁喂他吃饭。

渐渐地，华华变得不怎么爱吃饭了，一心想着玩。在他看来，吃饭似乎成了一项负担。不仅如此，华华做什么事都不专心，总是三心二意。

上例中，华华喜欢边吃饭边玩，不仅导致食欲不振，还养成了做事不专心的毛病，这不利于他的健康和好习惯的养成。

在生活中，很多孩子都像上例中的华华一样，喜欢一边吃饭一边玩。殊不知，这种习惯对他们的健康和成长都是不利的。爱玩是孩子的天性，但边吃边玩这种习惯还是反映出一些家长对孩子的溺爱以及在教育经验上的缺失。很多父母认为，孩子边吃边玩除了会导致他们吃饭比较慢之外，并没有什么大的影响。其实不然。边吃边玩会导致孩子的胃液变少，消化能力下降，使他们食欲不振，长期如此甚至会产生厌食等症状，这会导致孩子营养不良。不仅如此，边吃边玩的习惯不利于孩子性格的培养，会使他们变得做事不专心、不认真、注意力不集中，做事效率低，会影响到他们的成长。此外，边吃边玩的孩子在玩耍时嘴里通常含着食物或餐具，很容易导致食物误入气管，或是奔跑时导致餐具刺伤孩子的口腔或咽喉，这会对孩子的健康造成威胁。

那么，家长应怎样帮助孩子改掉边吃边玩的毛病，养成健康的饮食习惯呢？以下是一些供家长参考的建议。

1.制造温馨的吃饭氛围。

父母可以在吃饭前与孩子一起洗洗手，开始用餐后讨论一下每道菜的口感，或是讲一些轻松的话题，营造一个温馨的吃饭氛围，吸引孩子，让孩子专心与父母一起吃饭，不再想着玩耍的事。当孩子吃饭时，父母不要在旁边走来走去，也尽量不要开电视，以免使得孩子的注意力转移。另外，吃饭时孩子的玩具最好不要放在餐桌旁边，否则很容易引起孩子的兴趣，导致他们开始边吃边玩。

2.让孩子自己动手吃饭。

根据蒙台梭利对孩子发育阶段的划分，1岁左右的幼儿已经产生自己动手吃饭的意愿。这时，一些家长往往会插手，担心孩子做不好，坚持自己喂孩子。其实，最好的方式是在家长的监督下，让孩子亲自动手吃饭。这样既能促进他们的手眼协调发展，又能使他们专心致志地吃饭。不过，这时的孩子手脚还不协调，吃饭的动作可能不熟练，甚至会撒出饭粒，家长不要急于指责，应给予充分的耐心和适当的帮助。如果孩子开始边玩边吃，家长也最好不要追着他们喂饭吃，这样容易导致他们着凉。最好把他们的饭热一遍，并让他们知道，使他们意识到自己不专心吃饭给别人带来的麻烦，改掉边玩边吃的习惯。

3.让孩子自己选餐具。

孩子边玩边吃，很大一部分原因是对吃饭不感兴趣。对此，家长可以从餐具入手。可让孩子自己选择餐具，这样他们对吃饭的兴趣会增加，会乖乖坐下吃饭。最好选择放在桌上比较稳当的餐具。不过，需要注意的是，孩子的餐具最重要的还是安全，对于餐具的材质和外形家长都要留心，尽量不选塑料的、尖锐的，以免对孩子的健康不利，甚至带来危害。

蒙氏早教心经：

很多孩子都喜欢边吃边玩，家长看孩子玩耍时反而吃得更多，也不偏食、挑食，就会放任孩子边吃边玩。殊不知，边吃边玩会影响孩子的健康成长，不仅会导致孩子食欲不振，还会让孩子做事不专心。

家长要纠正孩子边吃边玩的习惯，吃饭的时候把电视关掉、玩具收起来，避免这些外物吸引孩子的目光，让孩子无法专心吃饭。

家长要尽量陪伴孩子一起吃饭，给孩子创建一个温馨的饮食环境，让孩子在愉快的氛围下吃饭。

当婴幼儿时期的孩子有动手欲望时，家长不要因为担心孩子小而拒绝孩子自己动手吃饭，要从小培养孩子自己吃饭的能力，让孩子自己选择自己的餐具，引导孩子顺利进食。

保证孩子充足合理地饮水

水有"生命之源"的美誉。水是人体重要的组成部分，人体重量的60%是水，新生儿更是高达90%。人体的血液、组织液、脏腑、骨骼等细胞内都需要大量的水分，没有水就没有生机，更没有生命，水是各种养分的溶剂。水是最好的排毒剂，体内毒素经过水的冲洗涤荡，顺利地从大小便、呼吸、毛孔排出体外，只有水量充足，才能保证毒素排泄。因此孩子每天的需水量是巨大的，不论喝不喝水体内都会有水排出。所以长时间不从外界获取水分人体就会缺水，各项技能就不能正常工作。

成长中的孩子更是需要充足的水分来保证机体的健康发育。但是孩子的饮水问题不仅要保证足量，更要做到合理。蒙台梭利认为，所有的饮品当中"唯一值得推荐的是新鲜的矿泉水"，略带碱性的矿泉水则更好。但是在生活中，孩子的饮水问题似乎并没有引起家长和孩子的足够重视。

晓晓从小就不爱喝水，爸爸妈妈一让他喝水，他就不开心。后来，爸爸妈妈见他不喝水也没有不良反应就不再管他了，一直到快5岁，晓晓都是口渴的时候才会找爸爸妈妈要水喝。有一次，妈妈正在招待客人，晓晓跑过来要水喝，一边催妈妈快倒水，一边直喊渴。客人看到后，就问晓晓妈妈平时怎么让晓晓喝水的。当客人得知晓晓都是渴得厉害时才喝水时，马上把妈妈批评了一顿，说她这样会损害晓晓的身体健康。听了客人的讲述，晓晓妈妈才知道，当孩子感觉到口渴时，其实身体已经处于比较严重的缺水阶段了，长时间这样，会让孩子的健康受损，严重的还会引起孩子脱水。晓晓妈妈吓了一跳，没想到一个小小的喝水问题竟然这么严重。为了晓晓的健康，妈妈开始监督晓晓按时按量喝水。妈妈从网上看到说每天要喝八杯水，尤其是起床后的第一杯水尤其重要，就规定晓晓起床之后要先喝水。每天妈妈看到晓晓的第一句话就是："今天喝水了吗？喝了几杯？总量有多少？"晓晓被妈妈逼迫得烦不胜烦，更加不爱喝水了。每次他都会趁妈妈不注意把水倒掉，谎称自己已经喝过了。实在受不了的时候还会当着妈妈的面把水泼掉，把妈妈气得直咬牙。

生活中家长和孩子在很多时候都会犯这样一个错误：渴了才知道喝水。

渴了才喝水，容易肥胖。当细胞饥渴时，它会拼命锁住水分，减少排尿，长此以往，造成体重增加。其次当缺少水分时，组织细胞处于脱水状态，用于燃烧脂肪的细胞内部的化学反应就会减缓，代谢失调，脂肪、糖类不易被代谢掉，从而更多地储存下来引发肥胖。更可怕的是缺水会导致食欲机制紊乱，使人在并不饥饿的状态下有饥饿感造成过量进食，能量蓄积变成脂肪。因此家长需要培养孩子健康饮水的习惯，不要渴了才喝水。

饮水是为了保证孩子身体的健康发展，而不是一项"任务"。案例中的妈妈起初忽略了孩子的喝水问题，但是当她得知喝水的重要性后，又不免有些"草木皆兵"，开始强迫甚至监督孩子喝水，结果造成了孩子更严重的反感。下面是一些帮孩子培养正确饮水习惯的方法供家长参考。

1.饭前让孩子喝水。

每天家长都会让自己的孩子按时按点吃饭，但是并没有让他们按时按点喝水的意识。所以家长可以安排孩子在吃饭前喝水，既能保证孩子喝水的时间也能很好地控制孩子的食量。假如孩子等感觉渴了才喝水，那么说明细胞已受到严重威胁。渴了才喝水对健康构成严重威胁，很多孩子渴的感受器已经不敏感，渴了他们往往以为饿了，但实际上却是渴的信号。正在减肥的孩子可以明显感觉到，当自己感到饥饿时，只要小口徐饮一两瓶矿泉水，胃自然就有撑的感觉，当然这叫"水饱"，所以如果让孩子在主餐前先缓慢喝汤，就能控制孩子的食欲，不易造成饮食过量。

2.为孩子准备可随身携带的饮水用具。

孩子大部分的时间在学校，所以他们是否能喝够自己身体所需的水关键在于孩子是否自觉，因此喝水对于孩子是不是一件方便的事情会影响到他们的饮水量。有的学校没有打水的地方，家长在孩子上学之前就要为他们准备充足的饮用水，最好给孩子带上防摔、保温容量较大的水杯，方便孩子能随时喝到热水。如果有的学校有水房，家长则可以给孩子准备一个比较小巧、便于携带的水杯，孩子可以多到水房打几次水。杯子的美观性对孩子也很重要，如果水杯很漂亮孩子很喜欢，他们当然愿意频繁使用自己的杯子。如果杯子很难看，很不方便，孩子自然不想用自己的杯子喝水。

3.教孩子不喝生水和陈水。

生水指的就是没有经过消毒和过滤的水，比如不符合卫生要求的自来水、井水和河水等，这类水中大多含有各种对人体有害的微生物和寄生虫，如果不经处理直接饮用，则有可能引发急性肠胃炎、伤寒等疾病；而陈水指的是已经放置了超过三天的饮用水，还有就是经过饮水机多次加热的"千滚水"，这类水中会大量繁殖细菌，不利于人体健康。因此，父母要提醒孩子不喝生水和陈水，多喝有保障的饮用水。

蒙氏早教心经：

科学膳食并不仅仅是吃饭的问题，让孩子健康饮水也是很重要的。水对每个人都是十分重要的，是人体重要的组成部分。

母乳喂养的孩子前6个月是不需要饮水的，随着孩子年龄的增长，吃的食物也越来越多、越来越杂，孩子就需要额外补充身体所需要的水分了。

家长不要等孩子渴了才让孩子喝水，要正确地引导孩子喝水，让孩子自觉地养成良好的喝水习惯。家长不要强迫孩子喝水，要用恰当的方法引导孩子爱上喝水，并正确分辨自己是渴了还是饿了。

家长要教孩子学会喝水，不从自来水管中接生水喝，也不喝放了很多天的饮用水。这些水都含有对人体有害的细菌和微生物，对孩子的健康十分不利。

第十三章

父母不能忽视的
孩子运动和感官训练

孩子的成长离不开运动

常言道"生命在于运动"，每个生命自在母体中起，运动便将伴随其一生。但是在传统的教育理念中，智力教育被绝大多数的老师和家长放在首位，运动反而被认为是无关紧要的。运动在生活中更多地被称之为消遣的"游戏"，而随着年龄的增长，这种游戏也会被冠以浪费时间的名义被禁止。但是蒙台梭利通过自己的从教经验得出结论：孩子大脑的发展通过运动的刺激才能得以实现，孩子的理解力也是随着运动能力的提高而提高。因此运动和孩子的身心健康、智力发展等都有密切且重要的联系。

从心理学的角度来说，肌肉是中央神经系统的一部分，只有当整个中央神经系统协调有序地工作时，人才能够与周围的环境监理和谐统一地联系，才能够更好地学习和工作。蒙台梭利为我们指出了在教育中很多人都会犯的错误，即认为运动和人体的其他功能是分裂的，或者将运动仅仅看作保持身体健康的一种手段。但其实运动除了能够强身健体之外，更能够与大脑进行合作，甚至帮助开发大脑，发掘人的潜能。运动是人体生命存在表达的一种更高的生命形式，将大脑的所有思想和指令全部付诸实践。因此蒙台梭利认为，正是因为大脑和肌肉的同步发展，生命才能被称之为生命，而肌肉的发展就依赖于运动。因此，一个生命的成长和发展离不开运动。

小峰是个小男孩，今年三岁半了，本来应该正是淘气的年纪，但是小峰平时总是一个人呆呆地坐在教室里，对那些在操场上玩耍的孩子投去羡慕的目光。

原来，小峰因为早产，身体一直不好，小峰的爸爸妈妈特意嘱咐了幼儿园的老师，希望老师多多留意小峰，不要让小峰做剧烈运动。但渐渐地，小峰妈妈发现，小峰虽然没有其他孩子磕着碰着的那些伤，但是精神远远没有其他孩子好。

小峰妈妈问了医生后，医生告诉小峰妈妈，虽然小峰是早产儿，但是因为这个原因，就不让小峰运动是错误的。这种情况，更应该通过适当的运动，帮助孩子拥有一个健康的身体。小峰妈妈按照医生的话，合理安排了小峰的运动量，发现小峰不仅身体变好了，精神也好了，人也变得开朗活泼了。

随着孩子年龄的增长，孩子的运动欲望也会随之增强。6个月左右的孩子开始学习爬行，努力将自己的活动范围扩大，最大限度地解放自己的双手，提高运动能力。同时孩子对周围环境也会变得更加敏感，开始注意到从前不会注意的事物。当然随着孩子运动能力的提高，对家长来说，看护孩子的任务也在这个时刻变重了。于是很多家长出于安全和省事的考虑，并没有很多的热情和时间来帮助孩子运动，甚至开始慢慢地限制孩子的活动。

有这样一位妈妈正是如此。比如孩子在吃饭时会越来越不安分，而妈妈认为吃饭的时候就应该安安静静坐在餐桌旁，而不是心不在焉地想要做别的事。于是，孩子就被妈妈固定在婴儿餐椅前。每当外出时，孩子想要自己行走，却挣不脱妈妈的怀抱。平时在家中孩子也很难得到和妈妈一起游戏的时间。而妈妈更喜欢的是给孩子一堆积木或者拼图等益智玩具，但是对2岁左右这个年纪的孩子来说，对周围环境和新鲜事物的好奇根本就让他处在一种停不下来的状态。很快孩子就到了上幼儿园的年纪，和幼儿园里的同龄小朋友相比，妈妈发现自己的孩子在游戏中时常"落在下风"，奔跑不如别的小朋友快，耐力也不如别人持久，更关键的是，孩子的意志力十分薄弱。跑不动的时候很快就不再坚持，而且也不愿多加锻炼来超过别人。尤其是几次感冒，真是把家长折腾得不轻，而医生说了句孩子"体质不好，需要加强锻炼"让妈妈一下子觉得孩子的健康出了问题，于是又想出了晨跑的锻炼计划，但是孩子的热情一点儿也不高，每天都躲在被窝里不肯出来，时间一长，妈妈也就放弃了。

其实在生活中时常有这样的情况出现。父母对孩子的教育中似乎并没有明确包括"运动"这一项。但是随着年龄的增长，孩子容易生病、体质差等问题又会让家长恨不得立刻用运动员的标准来要求孩子。此时的孩子对父母安排的运动没有兴趣，再加上略微辛苦，会让孩子更加反感甚至抵抗运动，最后结果当然适得其反。

孩子的健康成长离不开运动，因此家长要培养孩子对运动的兴趣，能够引导孩子进行有目的、有益处、有帮助的运动，同时在运动中要保护孩子不受伤害。根据蒙台梭利的教育智慧，我们给家长以下几点建议。

1. 父母多找时间陪孩子一起运动。

多带孩子去公园做一些游戏，尤其是互动游戏，不仅能够帮助孩子做运动，锻炼肢体的协调能力，还能够增进亲子感情。有大人的引导和参与，孩子的运动热情也会提高，这对孩子的健康发展是很有益处的。

2. 家长要为孩子树立热爱运动的好榜样。

家长对孩子潜移默化的影响力量不可小觑。如果家里有人坚持运动且热爱运动，孩子也会大大提高对运动的兴趣，并在大人的影响下坚持运动。

3. 帮助孩子找到自己感兴趣并且适合自己的运动。

兴趣是最好的老师，孩子有时候之所以会抵抗运动，是因为运动的项目孩子并没有兴趣。所以作为家长，就要帮助孩子多了解、多参与，找到孩子的兴趣所在，并帮助孩子培养良好的运动习惯，让运动成为伴随孩子一生的友好伙伴。

蒙氏早教心经：

孩子的成长离不开运动，运动可以帮助孩子拥有一个强健的体魄，为孩子的成长打下良好的基础。

父母要尊重孩子的意愿，孩子在成长过程中父母不需要牢牢将孩子绑在身边，要给孩子适当的空间，让孩子做自己想做的事情。

运动是孩子成长中重要的一项。父母要抽出时间陪孩子一起锻炼，不仅能提升孩子对运动的兴趣，还可以增进亲子感情。

不要错过孩子肌肉训练的黄金时期

相信所有人都对学生时代的"广播体操"记忆犹新。广播体操算是学校对学生体能训练和运动教育的重要表现形式。但是蒙台梭利却在思考之后指出这种体操的骨子里的指导思想是压制。"我认为，这种以强迫运动的形式出现的体操，其结果只是抑制自然运动。"相比学校里的体操，蒙台梭利个人更加推崇"社会上流行的体操"，即健身房里的一些体操训练。

如果说当孩子成长到某一个阶段，就需要通过一些类似于体操的专项训练来加强孩子的肌肉训练，实现自我保护的话，蒙台梭利认为，这个阶段应该是孩子3到6岁这一时期。因为在这一时期，首先，孩子的身体特征出现了变化。这一年龄段的孩子躯干得到了很大的发展，较之新生儿及婴儿时期，下肢和躯干的比例开始向成人化发展，与此同时肌肉组织也在快速生长着。因此这一时期是锻炼孩子肌肉的重要时期，以帮助孩子更好地行走和成长。

嘉嘉已经一岁五个月了，一般的孩子到一岁五个月已经可以走路了，但是嘉嘉现在只能勉强站着，更不要说走路了。嘉嘉的妈妈担心嘉嘉是不是患了什么病，就带着嘉嘉去医院看医生。医生检查过后告诉嘉嘉的妈妈，嘉嘉的体检报告显示，嘉嘉什么都正常。一岁多还不会走路，是因为腿部的肌肉力量不够，回家后，家长要帮助嘉嘉锻炼腿部力量。原来，嘉嘉不到一岁的时候，嘉嘉的妈妈因为害怕嘉嘉在活动过程中受伤，很少让嘉嘉在地上爬来爬去，嘉嘉一般都在大人的看护下在床上玩，但这让嘉嘉错过了腿部肌肉发展的好时机，导致嘉嘉一岁多了还不会走路。

3岁左右以及更小的一些孩子由于腿部力量尚未发育完全，因此在走一小段路之后时常会因为劳累而暂停前进。但是孩子也往往不会像大人一样坐下来休息。此时在学校或者公园中，有的花园或者墙角经常会有一些栅栏或者围栏，孩子就会借助这些围栏，继续完成自己的行走运动。比如用手攀住围栏上方，将脚放在下方的横栏或者地面上侧着身子左右移动。这样的方法很有效地帮助孩子减轻了下肢的负担，用双手来分担一部分的体重，让他们肌肉并不足够发达的双腿来继续完成移动。在蒙台梭利建立的"儿童之家"中，这样的围栏也正是帮助孩子完成肌肉训练和运动的工具之一。

健康的体魄是孩子健康成长的必要也是最重要的条件之一。因此作为家长就必须要对孩子的肌肉训练有正确的认知，并且要能帮助孩子做一些科学的训练，使孩子的肌肉保持健康的状态。我们时常说一个人"精神不佳""没有朝气"等，其实这和缺乏活动、肌肉处于睡眠状态也有很大关系。孩子如果得不到充分的运动，肌肉总是处于休眠状态，就会影响孩子的精神，导致孩子意志力薄弱，从长远来看，对孩子的健康成长和人格形成都有不利影响。

3到6岁的孩子正处于身心发育的关键时期，他们同时也是非常敏感而脆弱的。因此蒙台梭利提醒每一位家长，对孩子的肌肉训练一定要根据孩子自身的骨骼、肌肉以及心理承受能力、兴趣爱好等各方面的特征，进行科学健康的训练，而不能将家长所认为的正确的方式强加在孩子身上。

孩子的肌肉训练一般分为大肌肉训练和小肌肉训练。大肌肉训练指的是孩子行走、奔跑、跳跃、投掷等运动的训练。小肌肉训练则指的是对手部的训练，主要是针对孩子对手及手腕的灵活使用已达到控制环境及事物的能力。显然像健身房此类的场所对肌肉训练更具有专业性，但是蒙台梭利更建议家长让孩子在自由活动中锻炼肌肉。蒙台梭利十分重视日常的游戏，她认为只要保证孩子的正常游戏，在孩子的嬉笑、打闹以及好奇的触摸之下，孩子的肌肉就能得到充足的锻炼。

当然家长也可以在日常生活中对孩子的肌肉进行一些常规的训练，促进孩子的肌肉更好、更健康地发育。在这里我们根据蒙台梭利的教育方法，推荐给家长一些训练孩子肌肉的方法。

1.坐姿训练。

让孩子后背挺直端坐在有靠背的椅子上，然后可以在孩子的头顶放几本书，然后尽量保持书本不会掉落。这个动作要求孩子背部、腰部等多个部位的肌肉能够同时调动起来，相互配合，因此对孩子上肢的肌肉训练是很有帮助的。

2.投掷训练。

家长可以和孩子一起做投篮等投掷运动，或者在家中、公园里做投掷球类、沙包的游戏，帮助孩子锻炼手臂等部位的肌肉，还可以锻炼孩子的手眼协调能力。

3.跳跃训练。

跳跃需要在腿部肌肉、爆发力、身体平衡感等多种力量的综合作用下才能完成，因此在这个训练中孩子可以锻炼诸多能力，同时家长要注意的是保障孩子在锻炼时的安全，也不宜操之过急，对孩子的身体造成伤害。要根据孩子的接受能力和训练程度及时调整锻炼的强度和频率，在保证孩子身体无损的情况下进行肌肉锻炼。

4.舞蹈也是肌肉锻炼的方式之一。

很多孩子对舞蹈都有浓厚的兴趣，在很小的时候就能跟着节奏扭动身体，这说明孩子的节奏感和身体协调性很好。家长也可以采用学习舞蹈的方式来对孩子的肌肉进行锻炼。

蒙氏早教心经：

1到6岁是孩子躯干成长的黄金时期，孩子在骨骼迅速成长的同时，也需要相应的肌肉组织来帮助孩子更好地行走和成长。因此，父母要帮助孩子进行适量的肌肉训练，帮助孩子更好地成长。

良好的精神离不开强健的体魄，父母帮助孩子进行肌肉训练的同时，还可以帮助孩子收获积极的精神状态。

孩子身体成长的时候，身体的骨骼还比较脆弱，父母要对孩子进行科学合理的训练，不要把自己认为好的强加到孩子身上。

激活开发智力的"金钥匙"——孩子的双手

在人体所有器官中，最能够体现人类智慧的应该是双手。与人类智力联系最为密切的两种运动，一种是能够运用多种语言表达情绪和需要的舌头，另一种就是能够制造并且使用各种工具的双手。当人类用双手将语言记录在石块、纸张等媒介上时，语言又成了历史的记录，人类的双手就是记录历史的工具。能够自由地运用双手是人的特征之一。当人类学会直立行走将上肢彻底解放出来成为双手时，人类的上肢也就成为智慧的工具。

在人的潜意识中，手是一种重要的自我表达工具。比如指天为誓时，手的动作带有一种重要的仪式感；在神圣的婚礼上，男方会拉着女方的手郑重承诺；在课堂上，老师要求学生回答问题之前要举手。种种行为都说明手在自我表达中占有非常重要的位置。因此蒙台梭利认为手是智慧的源泉，是孩子认识事物、了解世界的重要器官。在手的帮助下，孩子的智力会取得更大的发展，通过锻炼双手，孩子的大脑也会得到更多的锻炼，性格会变得更加沉稳，意志力也会相应增强。蒙台梭利根据自己的从教经验，以及在"儿童之家"的教学观察与统计得出结论：在"儿童之家"的孩子中，一个不能正确使用双手的孩子，会经常表现为不听话、没有热情、情绪低落、懒散等，而长期观察结果显示，他的智力发展速度也会受到影响，相比能够灵活使用双手的孩子智力发展就显得比较缓慢了。

蒙台梭利认为，手和人的大脑是一对好朋友，手的活动是对大脑活动的表现。它们之间配合的默契度越高，人的智力发展程度也就越高。通过观察可以发现，首先可以引起孩子注意的是手而不是脚或者其他器官。孩子最先将注意力放在手上，拿和抓也是他们学会的第一个动作，这种动作从最初的本能反映到逐渐形成有意识的行为，随着年龄的增长，拿和抓不能满足孩子的需求时，他们开始通过搬动、寻找、翻动等动作来探索世界。所以很多孩子在家里都有"翻箱倒柜"的爱好。当他们用这样的方式来练习双手的控制能力时，却让家长陷入苦恼之中。于是，很多家长便对孩子下达了这样的命令："不许碰！"

有这样一位小朋友，在家人看来他的双手一刻都不会闲着。家里所有的柜子、盒子以及能够打开的东西都没有"幸免于难"，一个不留神，他就让家里立刻面目全非，家长为此头疼不已。于是当孩子正在一个柜子里翻得不亦乐乎的时候，妈妈忽然大声对他说："不许碰这个！"当他把手伸向旁边的柜子时，妈妈同样命令他："这个也不行！以后你不许这样乱翻！"

人身体上所有的部位对触觉最为敏感的就是手。人们通过触觉来了解事物，看不见的人通过手部的探索了解世界，孩子也是通过手上传来的最原始的触感来了解这个世界。同时，父母会发现，相对聪明的孩子的动手能力都会比一般孩子要好。孩子对于世界的了解方式第一是看，第二就是触摸。幼儿时期的孩子喜欢去触摸各种各样的东西，来丰富他们对于这个世界的了解。然而，很多父母因为怕孩子接触细菌导致生病而阻止孩子去触摸，这显然是不对的。通过手部触摸了解世界是孩子的天性，父母一定要根据情况而定，不要抹杀了孩子的天性。

当孩子被妈妈打断行为时，他显得很震惊、很不解，而当他被妈妈拉着手走开时，他显得很沮丧，甚至会生气。对孩子来说，家长让他探索世界的需求无处满足，这会让他感到郁闷、难过，甚至会影响他学习的兴趣，而烦躁不安的他或许又会有其他的"破坏"行为。

在蒙台梭利的教育理念中，这个命令是违背孩子自然成长的规律的。孩子在成长中需要不断获取知识，要不断对周围的环境和事物进行了解，而他们主要通过双手来达到这一目标。禁止他们用手来触碰，这无疑是阻碍了孩子的学习和成长之路，是家长忽略了孩子正常需求的行为。

很显然，孩子需要一个合适的环境，做一些合适的事情来开发双手，提高智力。作为家长，这个时候应该充分发挥自己的作用。根据蒙台梭利的早教理念，我们为家长提出以下几点建议，帮助孩子开发双手智慧。

1.家长要重视孩子在日常生活中对双手的运用。

其实生活中处处都需要我们用到双手。从吃饭、穿衣、收纳东西等，因此要想锻炼孩子使用双手的能力，家长可以从培养孩子的自理能开始，比如教孩子使用筷子、勺子等工具，以及穿衣、系鞋带、刷牙等，除此之外，一些诸如扫地、擦桌子等简单的家务也可以对孩子的双手起到锻炼作用。

2.手指游戏可以让孩子在轻松快乐的氛围中灵活使用双手。

比如简单的手影游戏，用手指来扮演鸽子、小兔子等，根据手指的长短起不同的名字，和孩子一起练习碰指、捏指、弹指等动作，锻炼孩子的双手。

手工作品可以很好地帮助孩子使用双手。折纸、简单工艺品制作等活动，既可以帮助孩子锻炼手指的灵活程度，还能够提高孩子的智力发展，对孩子的兴趣培养、性格发展、意志力的磨炼都很有好处。

蒙氏早教心经：

父母要帮助孩子正确使用双手，让孩子通过双手的触摸更好地了解这个世界。当然，有些东西父母也要阻止孩子触摸，比如锋利的刀片、插线板等危险品。

父母可以通过帮助孩子锻炼使用双手的能力，来提高孩子的智力，培养孩子的兴趣，发展孩子的性格等。

父母对孩子下达"不许乱翻"这样的命令的时候，其实是在阻碍孩子发展自身，父母可以帮助孩子做一些手指游戏来转移孩子的注意力，但不能武断地说不能碰这样的话。

抓住关键期培养孩子的"六感"

著名的瑞士儿童心理学家及教育学家皮亚杰说："智慧的根源，是来自幼儿期的感觉及运动发展。"对孩子感觉系统的培养在蒙台梭利的教育理念中同样占有重要位置。

根据蒙台梭利的教育观念，对孩子进行感觉训练的关键时期是0到3岁这一阶段。在这一时期内，孩子的视觉、听觉、触觉、嗅觉、味觉、重力感等"六感"的成长非常迅速，因此家长要重视孩子在这一阶段内的感觉培养，对孩子的各个感觉器官能够做出及时正确的刺激，帮助孩子培养协调灵敏的感觉系统。

随着孩子年龄的增长，家长时常会有这样的疑惑：孩子似乎没有从前听话了。开始喜欢哭闹，突然之间又变得十分难缠。

有一位妈妈的孩子正好就有这样的症状。原本一直聪明伶俐的孩子在刚上幼儿园的时候突然变得脾气暴躁，在和小朋友做游戏的时候，他有时候会显得十分拘谨，但有的时候又看起来毛手毛脚，连最简单的拼图游戏也半天支支吾吾做不出来。而且据老师反映，孩子经常有上课注意力不集中的情况，手里总是不知道在翻动些什么，有时候还会去主动跟旁边的小朋友说话，好几次老师都忍不住出言批评他。但是家长和老师的批评似乎并没有什么作用。有一次妈妈在书上读到一种疾病：多动症，看着孩子的表现妈妈忍不住"对号入座"，最后甚至带着孩子去医院专门诊看了一次。医生也说孩子可能有多动症的表现，还给开了几次的药和针剂，平时也要家长和孩子做一些专门针对多动症的训练，比如训练孩子集中注意力等，但是几番下来，孩子的情绪并没有明显好转。又气又急的妈妈也开始变得暴躁起来，甚至对孩子还动了手。被惩罚的孩子非但没有改变，反而变本加厉，变得更加暴躁起来。

其实案例中孩子的情况在很多孩子的身上都有体现，只是严重程度不同罢了。很多家长面对这种的情况，会以为是孩子故意找别扭，随着时间的推移，会联想到孩子可能得了类似于多动症等疾病，求医问药却毫无疗效。由于孩子的情绪影响，缺乏了解的家长也会变得暴躁易怒，对孩子的态度变得恶劣起来。不明原因的孩子由于内心的需求没有被重视和满足，在情绪上的表现也就越发不正常。

其实一直听话乖巧的孩子之所以会有这样的表现，很有可能是孩子的感觉统合失调。感觉统合其实是人的身体器官和人的大脑之间相互磨合、相互习惯，以达到和谐统一，为人体机能更好地工作的过程。由于年龄的限制，孩子的感觉统合程度尚未达到成熟，因此在磨合过程中难免会有感觉统合失调的时候。当人的感觉统合失调时，人的心理就会出现各种变化，严重时还会导致心理问题的出现。所以，当孩子出现注意力不集中、情绪不稳定、易怒等情况时，家长就要注意是否是孩子的感觉统合失调，同时要和孩子及时沟通，帮助孩子走出情绪低谷，解决心理问题。

孩子在幼儿时期身体迅速成长，体内的各个感官也会随之迅速成长，这一阶段，孩子的生理和心理上会出现不良反应，但是很多父母和老师不了解孩子的感受，很容易将孩子的症状归类为多动症或者是淘气，这样错误的结论让父母和老师采取了错误的对待方式，令孩子的状态更加不好。父母要弄清楚孩子出现不良反应的原因，采取科学合理的措施帮助孩子解决问题。

要想使孩子的感觉统合协调，就要对孩子的各个感觉器官进行训练，使各个感觉器官都能保持活力，充分发挥作用，帮助孩子身心健康发展。孩子在出生之后，各个感觉器官也在迅速成长。作为家长一定要抓住孩子3岁之前这一关键时期，对孩子的感觉器官进行训练。

6到8个月的孩子，大脑发展迅速，智力、记忆力、理解能力开始发展，视觉、触觉、听觉等相较半岁之前更是发展相对成熟，因此，蒙台梭利建议家长在这一时期要多和孩子做一些训练感觉的游戏。蒙台梭利也为家长训练孩子的感觉器官研制了许多教具，能够帮助家长对孩子的感官做出正确的刺激，提高训练效果。比如布盒，专门为提高3到5岁的孩子的触觉而设计；温觉板是专为3到4岁的孩子设计，目的是让他们在触摸的过程中提高对温度的感知能力。音筒则是蒙氏感官听觉教具，专门针对3到4岁的孩子设计，帮助他们通过声音的强弱来提高听觉能力，同时还可以锻炼孩子的腕部肌肉，使其更加柔软、更易控制。孩子幼儿时期的感官成长程度会影响孩子的一生，因此，父母要抓住孩子小时候感官发展的敏感期，为孩子以后的成长打下良好的基础。

蒙台梭利也根据其多年教育经验为家长们提出建议，在训练孩子的感觉器官时，一定要有耐心，不可操之过急，也不可以过分地干预孩子，让孩子在重复和多次的训练中，逐步提高自己的感官感知力。另外家长对孩子的训练游戏也要尽可能参与，在互动和帮助中，让孩子的感觉器官更加灵活和协调。

蒙氏早教心经：

在孩子成长过程中，感觉统合没有协调时，孩子易出现注意力不集中、情绪不稳定、易怒等情况，父母要注意孩子的情况，不要武断地定为多动症。

想要感官协调统一，需要多次的训练。父母可以根据孩子的情况，用合适的教具对孩子进行指导。

在进行感官训练时，父母不要操之过急，也不要过分干预孩子，要让孩子全身心投入训练中。

让孩子在行走中完善自己的能力

如果将一个人一生所获取的能力和取得的成就用里程碑来表现，那么第一个重要的节点就应该是他迈出人生第一步的时候。行走能力对人类来说具有极其重要的标志性意义。对一个孩子而言，行走意味着自己在很大程度上脱离了大人的帮助，可以用自己的双腿去往自己想去的地方，变得相对独立且自由。对整个人类而言，在整个生物界，人是唯一可以完全依靠两条腿来平衡行走的动物。行走，是人类智慧的象征，因为这种能力只有人类才能依靠主观的努力获得。

蒙台梭利认为，"孩子的第一步意味着对自己的征服"。行走甚至被她喻为一个人的"第二次出生"，因为从此以后一个不能完全自主的人开始具有了积极主动性。能够成功迈出人生的第一步也是一个人成长的主要标志之一。但是行走是一个极具智慧的行为，一个人从双腿可以直立起来的时刻起，就一直在为可以平稳行走乃至奔跑跳跃做准备。因此在这个过程中他需要不停地大量地练习。行走不仅需要双腿的力量支撑，还需要手臂和腿部协调配合，需要大脑和小脑的同时作用，才能保持平衡和稳健。孩子在本能和学习欲望的驱使下，从最初的跌跌撞撞，一路鼓足勇气，甚至有些横冲直撞，都是为了能够尽早获得行走的能力。但是正是由于他们的勤奋练习，会让无比关心他们的父母变得十分紧张，担心孩子会在训练的过程中受到伤害，会被家里的家具和路边的障碍物误伤，因此家长想尽一切办法为孩子扫除前行路上的障碍，而要保障孩子安全的最根本的办法，就是对孩子的行为进行保护。当然，在孩子眼里，这就是一种限制。

当原本对周围世界充满好奇的孩子挪着尚不稳健但是无所畏惧的步伐靠近时，却被父母拦住并告知"不许靠近"，孩子被家长塞在了学步车中，或者随时随地被大人看管，他们的行为受到了限制，他们学习的机会也就大大减少。

"孩子的腿还这么短，力量也不够，走一会儿会多累啊，还是坐在小车里舒服。"一位1岁半孩子的家长看着挪步的孩子总是忍不住想上前帮他。而在外出时，她很少让孩子下来行走。"孩子走得太慢了，多耽误时间啊！再说外面人这么多，他还走不稳，万一磕着碰着了多不好！"于是孩子就坐在婴儿车里，透过眼前的纱帘望着外面的世界。

蒙台梭利根据教育经验和实验得出这样的结论：一个2岁左右的孩子一次至少能走1.6千米的路，同时还能够自己爬坡度不是很大的斜坡以及楼梯等障碍物。孩子在这个过程中不断练习行走的技巧，完善自己的各方面能力。不像成年人那样行走一般都具有明确的目的地，孩子的行走更加自由，并且他们的行走通常都有自己的节奏，如果不受环境和人为的干扰，他们能够这样行走几千米，或者在一个梯子上爬上爬下，并且乐此不疲。孩子自身是拥有巨大潜能的，父母要相信自己的孩子，给孩子自由的空间。而且，幼儿时期的孩子本身就需要大量的练习才能掌握行走的能力，如果对孩子过于保护，反而会使孩子失去锻炼的机会。

由此我们可以看出，家长对孩子美其名曰的"保护"，其实在很多时候是对孩子学习权利的剥夺，让孩子失去了完善能力的机会。根据蒙台梭利的教育理念，在这里给各位家长提出几点建议。

1.为孩子提供合适的行走环境。

尤其是对刚刚学步的孩子来说，很多对成年人来说看起来毫不起眼的东西都有可能会对他们的行走造成阻碍甚至伤害，因此要给孩子一个绝对安全和适合行走锻炼的环境。当孩子行走时，一定要有成年人陪伴和照顾，首要的是保障孩子的安全。当然，父母也不能过分干预孩子学习行走的过程，父母要在保证安全的前提下，给孩子最大的自由空间。

2.对孩子的行走要帮助、引导，培养孩子的协调能力和平衡能力。

刚刚学会走路的孩子或者当孩子遇到障碍物时都会产生恐惧心理，家长要在这个时候引导和帮助孩子克服障碍，勇敢地战胜自己内心的恐惧，提高孩子的行走能力。帮助孩子练习在平衡木或者台阶上行走，锻炼孩子的平衡能力。平衡力是需要训练的。平衡力不好的孩子走路会容易摔倒，父母要抓住孩子锻炼行走能力的黄金时期，根据孩子的情况，合理地安排孩子平衡力的训练。

3.提高孩子的耐力。

毫无疑问，行走需要体力的支撑，这就需要孩子具有一定的体能，所以家长要带孩子多运动、多锻炼，帮助孩子肌肉和骨骼的良好发育。另外，父母不要勉强孩子做过多的训练，行走虽然需要体力，但是孩子年纪小，骨骼还很脆弱。如果勉强孩子做过多的训练，反而会造成不好的后果。

蒙氏早教心经：

孩子刚开始练习行走时，父母不要过于紧张，让孩子自己去体会。给孩子充分的空间，让孩子去锻炼自我。

孩子自身拥有巨大的潜能，父母要相信自己的孩子。不要刻意去限制孩子，当孩子练习时，给予孩子一定的指引即可。

行走需要体力的支撑，当孩子学会行走后，父母要根据孩子的状况，给予孩子适量的锻炼，帮助孩子发展肌肉和骨骼。

让孩子在感觉训练中学会自我教育

蒙台梭利认为，感觉训练除了具有培养孩子感觉器官的灵敏程度和感觉统合能力的作用外，还能让孩子在这个过程中学会自我教育。

蒙台梭利将教师称作"指导员"，因为她认为教师指导孩子如何进行感觉训练，而在训练过程中，教师只需要做个"观众"，"除了观察，什么也不做"。孩子在成长过程中需要家长和老师给予一定的自由空间，孩子是成长的主体，家长和老师不能代替孩子成长，家长需要做的是掌握孩子的情况，在孩子需要的时候给孩子合理的指引。

但是要想使家长或者老师只做"指导员"，在孩子的练习中只观察不说话的确有很大困难。在传统教育中，一旦学生犯错，教师一般就会紧皱眉头，立即出声告诉孩子错在哪里，并且可能还会迫不及待地指正孩子。但是蒙台梭利明确指出，感觉训练的目的是在反复大量的练习中刺激孩子的感觉器官健康成长，提高孩子的感知能力，而非取得一次次练习的胜利。如果将感觉训练比作游戏，那么这个游戏的目的在于锻炼孩子的反应能力，而非将游戏打通关。因此，在训练中，家长和老师都不用急于指出孩子的错误，而是让孩子在错误中反复练习，最后达到提高刺激感觉器官健康发展的目的。

有这样一个案例。星期天的中午，妈妈在家陪刚刚1岁半的女儿玩一套益智玩具。这套玩具需要孩子将长方体、圆柱体等不同形状的玩具放入正确的位置。女儿因为年纪比较小，像圆柱这样比较简单的图形她倒是可以很快找到位置放回去，但是遇到棱柱或者菱形等稍微复杂一点儿的图形，她就半天无法对号入座了。妈妈看到她用力将一个三棱柱往四棱柱的位置里按，半天都放不下去，沉不住气了，忍不住上前去帮助孩子。她从孩子手里拿过三棱柱，将它放在另一个位置里。帮孩子完成任务的妈妈满以为孩子会兴高采烈，但是她并没有从孩子脸上看到高兴的迹象，反而有一些疑惑，很快她就低头又开始新一轮的游戏。但是妈妈发现，孩子依然会在三棱柱和四棱柱的位置上手足无措，好几次她都不知道三棱柱的正确位置在哪里，当然每次都是妈妈向她伸出援手。妈妈也很不解，为什么教了孩子这么多遍，她就是记不住呢。

其实在这个案例中这位妈妈犯了一个错误，就是不应该用这样的方式来帮助孩子。孩子在游戏中学习感觉器官的使用，如果孩子犯错，就说明孩子的感觉统合出了问题，比如触觉和视觉没有完全配合默契，导致游戏无法正常继续。如果家长在孩子犯错的时候出手帮助孩子，虽然孩子做对了练习，却无法找到自己出错的原因，也就无法改正。在下一次的训练中，孩子可能依旧会在同一个地方跌倒。对于孩子来说，他失去了在感觉训练中自我教育的机会。

孩子在感觉训练中，通过一次又一次的自我训练，使自己理解感觉是怎么回事。家长要让孩子自己去尝试，在这个过程中，孩子会自己找到问题，解决问题，学会自我教育。父母如果因为害怕孩子受伤而阻止孩子自我训练，孩子就会失去获得一项基本技能的机会。

一项能力的获得与娴熟地运用需要大量的练习，当孩子的训练出现问题时，他们会通过一遍遍的练习来提高和巩固能力。这时候如果家长突然插手帮孩子克服难题，孩子就无法在练习和自我教育中攻克难关，也就无法体会到依靠自己战胜困难的喜悦，如果长此以往，还会让孩子养成懒惰、不再勤于思考的习惯，开始事事都想着依靠父母。这对孩子的成长和发展来说是非常不利的。

孩子的感觉训练过程也是孩子的自我发现和自我教育的过程。在这个过程中，家长的角色也是十分重要的。根据蒙台梭利的教育理念，在这里给家长们提出一些建议。

1.做好"旁观者"。

当孩子在做一些感觉训练的游戏时，家长只需要在孩子旁边做好一个"旁观者"，观察孩子的训练情况即可，当孩子长时间训练后依然无法成功时，家长可以给孩子适当的帮助，但是一定要让孩子多多练习，巩固能力，提高感觉统合能力。

2.蒙台梭利理论认为，父母在帮助孩子进行感觉训练时可以分为三个阶段：

第一个阶段教孩子学会将感觉与名称对应起来。比如教孩子认识物体，给他三角形时告诉他"这是三角形"，给他圆形时告诉他"这是圆形"。

第二阶段是教孩子将名称与相应物品对应起来。家长可以对孩子说"给我三角形"或"给我圆形"，让孩子能够正确找到相应物品。

第三阶段是教孩子能够记住对应物品的名称。比如拿出一个三角形然后问他"这是什么形状"。如此三个阶段循序渐进、相互配合，可以帮助孩子提高感觉器官的灵敏程度，做好感觉训练。

蒙氏早教心经：

在感官训练中，父母与老师都处于协助位置，因此，父母看见孩子出错时，不要着急指出，要让孩子尝试下各种方法，使孩子可以全面地想问题。

感官训练需要大量的练习巩固，有时孩子可能会不想练习，这时父母不要急于帮助孩子，让孩子自己克服困难，养成孩子独立思考的习惯。

在感官训练的过程中，父母要根据孩子的实际情况，制订适合孩子训练的方法，不要盲目地训练孩子。